KB268052

호러국가 일본

호러국가 일본

무너져가는 사람과 사회에 대한 스플래터 이매지네이션

다카하시 도시오 지음

김재원 + 정수윤 + 최혜수 옮김

도서출판 b

| 일러두기 |

1. 이 책은 高橋敏夫, ホラー小說でめぐる「現代文學論」(宝島社, 2007)을 완역한 책이다. 원제는 '호러소설을 통해서 본 현대문학론'이라 할 수 있는데, 이 책에서 『호러국가 일본』을 표제로 삼은 것은 저자와의 협의에 의한 것이다.
2. 본문에 등장하는 작품으로 국역본이 있는 것은 국역본의 서지사항을 덧붙였다.
3. 본문에 병기된 외국어, 한자는 음이 같은 경우는 ( ) 없이, 음이 다른 경우는 ( ) 속에 넣었다.
4. 각주는 모두 옮긴이의 것이다.

| 차 례 |

동일본대지진 3·11 이후의 호러국가

1

무너졌다——.

눈앞의 풍경이 무너졌다.

이제까지의 생활이 무너졌다.

지금까지 명백했던 관계가 무너졌다.

시간이, 그리고 공간이 무너졌다.

온몸의 염색체가 무너지고, 미래가 무너졌다.

사회가 무너졌다.

그리고 국가가 무너졌다, 조용히, 게다가 확실히……

내 안에, 나를 둘러싼 무수한 '내' 안에, 붕괴가 겹겹이 쌓였다. 지금도 쌓이고 있고, 앞으로도 쌓일 것이다.

하지만 그뿐만이 아니다.

정반대로 ‘붕괴’ 따위는 어디에도 없는, ‘안전’하고 ‘안심’할 수 있는 풍경, 그러한 국가가 눈앞에 펼쳐졌다. 오히려 붕괴를 은폐하면서, 실제로는 붕괴를 더욱 부추기는 힘이 대대적으로 그 모습을 드러냈다.

그 결과 우리는 매일같이 철저하게 상반되는 ‘리얼’의 동시적인 출현에 직면하고 있다.

양립할 수 없는 ‘리얼’의 동시적 출현과 충돌을 그려내는 것이 문학적 기법에서의 ‘매직(마술적)·리얼리즘’이라고 한다면, 우리 일상의 ‘리얼’은 매직·리얼리즘으로 그려낸 마술적 세계의 양상을 띠고 있다고 할 수 있다.

둘 중 하나가 ‘진짜’고, 나머지 하나가 ‘거짓’인 게 아니다.

둘 다 ‘진짜’고, 그 두 가지 ‘진짜’가 격렬하게 싸우고 있다.

우리가 늘 마주하는 거리에서, 텔레비전에서, 인터넷에서. 그리고 정말 성가시게도, 우리들 한 사람 한 사람의 마음속에서.

2

2011년 3월 11일. 그 순간부터 — 격렬한 요동, 거대한 쓰나미, 그리고 후쿠시마 제1원자력발전소에서 일어난 파국의 순간부터, 우리 세계는 한꺼번에 거대한 ‘붕괴’를 향해 와르르 무너져 내렸다.

그 일이 있고 나서 대략 1년이 흘렀다.

붕괴를 초래한 후쿠시마 제1원자력발전소 사고는, 수습은커녕 그 심각성을 더해 가고 있다. 방사능 오염의 확산과 심각성은 더욱 분명해지고 있고, '안전·안심'이라는 허위정보를 끊임없이 뿌려 대는 정부, 도쿄전력, 매스컴의 범죄 또한 선명하게 드러나고 있다.

환경문제 및 원전문제를 다루는 저널리스트이자 사상가였던 오랜 지인인 세키 히로노는 '원전문제는 리스크가 아니라 카타스트로프[1]다. 일본의 원자력산업 관계자들은 이런 사실도 모른 채, 고작 연료 탱크의 고장이 전 지구적 재해로 발전할 수 있다는 것을 상상도 하지 못했다.' 라면서 다음과 같이 지적했다.

원전사고에 대한 우리 사회의 반응을 살펴보면, 실제로 사고가 일어나면서 처음으로 알게 된 점이 두 가지 정도 있는 것 같다. 우선, 우리는 사고가 나면 많은 사람들이 피난길에 올라 사회가 큰 혼란에 빠질 거라고 예상하고 있었다. 하지만 실제로는 수도권에 방사능 오염의 공포가 닥치는 단계가 되어도 그런 패닉영화 같은 광경은 볼 수 없었고, 서일본 지역으로 피신한 사람은 극소수에 불과했다. 그뿐 아니라, 사고현장에서 30킬로미터 권내에서도 여러 가지 사정으로 자택을 떠날 수 없는 사람이 있었다. 결국, 모든 생활기반을 버리고 서일본 지역에서 장기체류를 할 수 있는 상황에 놓인 사람은 거의 없다고 볼 수 있다. 이리하여 일본처럼 인구가 밀집되어 있고 정주성定住性이 강한 섬나라에서는, 원전사고로부터 도망가고 싶어도 도망갈 수 없다는 점이 밝혀졌다. 이 나라에서 원전사고란, 밀실에 감금되어 방사선에 노출되는 공포를 맛보는 것을

---

1 catastrophe. 참사, 재앙, 예기치 못한 비참하고 불운한 사건. 문학·연극용어로 비극적 결말, 대단원의 파국.

의미한다. -(「히로시마에서 후쿠시마로」, 『현대사상』, 세도샤, 2011년 5월호)

세키 히로노의 지적을 내 관심분야에 맞춰 해석하자면, 이 나라는 인류사상 최악의 원전사고가 된 후쿠시마·카타스트로프를 통하여 '안전'을 위장한 '국가'라는 '밀실'에 사람들을 가둔 채, 끊임없이 방사선과 방사능 공포에 노출시키는 인류사상 최초의 '호러국가'가 되었음을 의미한다.

1986년 체르노빌·카타스트로프는 그로부터 5년 후 소비에트연방이라는 거대한 시스템을 해체시켰지만, 후쿠시마·카타스트로프는 그 자리에서 일본을 '호러국가'로 변모시켰다.

문제는 이 '호러국가'가 공포의 '밀실'이라는 점에 그치지 않는다.

주변국뿐 아니라 전 세계에 방사능을 뿌려 대는 것도 모자라, 당치않게도 국내에서 카타스트로프를 일으킨 원전을 아무렇지도 않게 베트남을 비롯한 리투아니아, 요르단, 터키 등 각국에 팔아넘기려 하고 있다. 이러한 '호러국가'다.

뿐만 아니라 후쿠시마 위기에 관한 조사와 검증을 모두 애매하게 만들어서, 그야말로 탁상공론에 지나지 않는 고루한 스트레스 테스트로 다른 원전들의 '안전'성을 재빠르게 내세우면서, 연이은 원전 재가동을 향해 맹렬히 돌진하고 있다. 이러한 믿기지 않는 '호러국가'다.

3

하지만 나는 다른 관점에서 생각하지 않을 수 없다.

‘호러국가’라는 것을 조금 냉정하게 생각해보면, 이 나라는 후쿠시마 · 카타스트로프 이전부터 명백한 ‘호러국가’였던 것 아닐까?

‘새로운 전쟁’과 ‘새로운 격차’[2], ‘새로운 붕괴’ 등 수많은 문제가 포개져 있는 이 나라는, 이미 사회 도처에 공포가 흩뿌려진 ‘호러국가’였다.

후쿠시마 · 카타스트로프는 이러한 ‘호러국가’의 상황을 누가 봐도 더욱 심각한 상태로 만들었다.

정확히 말하자면, 사람들의 희생을 무시하면서 모양새에 개의치 않고 악한 것을 밀어붙이는 ‘호러국가’이기에, 궁극의 ‘인재人災’인 후쿠시마 · 카타스트로프가 일어났고, 한층 더 복잡한 ‘호러국가’가 나타난 것이다.

여기서 ‘호러’의 정의를 내려 두자. ‘호러horror’와 ‘테러terror’는 둘 다 ‘공포’지만, ‘테러’가 ‘자신을 넘어선 외부에 대한 공포’인 데 반해, ‘호러’는 ‘자신을 포함한 내부에 대한 공포’이며, ‘사람들이 외부를 잃어버린 시대의 공포’라고 해도 좋다. 그야말로 미국의 모던호러가 가져다주는 공포다.

그렇다면 이런 공포를 불러일으키는 ‘내부’란 대체 무엇일까? 나는 그 상태를 ‘해결불가능성에 의한 내적 파괴’라고 부른다.

문제가 연거푸 벌어지는데도, 해결되는 것은 아무것도 없다. 그런 해결 불가능한 문제들이 점점 쌓이고 쌓여, 결국 견디지 못한 용기容器가 어느 순간 펑하고 터진다.

무너진다.

<hr>

2 1997년 일본에서 정규직 사원 삭감과 비정규직 전환을 계기로 프리터(아르바이트를 직업으로 하는 사람)나 워킹푸어(노동을 하는데도 가난한 사람)가 급증하면서 주목받게 된 사회 용어로, ‘격차 사회’라는 말이 유행하기에 이르렀다. 이는 빈부의 차는 물론, 소득의 격차, 정보의 격차, 교육의 격차 등을 포괄하는 용어로 쓰인다.

용기容器가 —— 다시 말해 우리 인간이, 집단이, 그리고 사회가.

당사자에게 공포(호러)를 초래하는 사태. 즉, '해결불가능성에 의한 내적 파괴'를, 나는 '호러적인 것'이라 부른다.

그렇다면 '호러적인 것'은 1990년대 일본에 그 양상이 현저해진 이래, 그 수위가 조금도 줄어들지 않은 채 현재에 이르고 있다고 해도 좋을 것이다.

1990년대 초 버블경제 붕괴로 시작된 회복가능성이 보이지 않는 불황.

구조개혁(신자유주의)이 초래한 노동과 생활과 인간의 '붕괴'(빈부격차, 비정규직노동자 확대, 새로운 빈곤, 자살증가……).

2001년 9·11 사건을 '호기好機'로 삼은 '전쟁이 가능한 체제' 및 '전쟁이 가능한 사회' 형성.

숨 막힐 정도로 격앙된 내셔널리즘과 사람들에 대한 강요.

거짓부리 '희망'을 내걸고 정권교체를 이룬 정당에 의한 이제껏 없었다고 해도 좋을 악정惡政은, 대지진 및 후쿠시마·카타스트로프에 대한 대응에서도 나타났다. 그들은 사태의 은폐와 정보의 통제로, 사람들 사이에 '해결불가능성에 의한 내적 파괴'만을 퍼뜨리고 있다.

이렇게 본다면 일본은, 1990년대 이후부터 지금까지 줄곧 '호러국가'였다는 말이 된다.

4

1960~70년대에 걸쳐 미국에서 크게 유행한 호러영화, 호러소설은 베트

남 전쟁이 미국사회 내부에 초래한 다양한 양상의 '해결불가능성에 의한 내적 파괴'와 관련이 있다.

일본에서 호러영화, 호러소설이 독자적인 전개를 보인 것은 '재팬 애즈 넘버 원'[3]이라는 달콤한 말이 명백한 허언虛言으로 판명된 버블경제 붕괴 이후, 즉 1990년대 이후부터다.

1993년 가도카와호러문고의 창간과 일본호러소설대상의 창설을 계기로, 잇달아 등장한 호러표상(문학, 연극, 영화, 회화, 만화, 애니메이션, 게임 등)은 1990년대 이후의 '해결불가능성에 의한 내적 파괴', 그리고 우리 사회 내부의 '붕괴'와 관계가 깊다.

그러므로 넘쳐나는 공포의 표상은 우리 스스로가 지닌 공포의 표상이기도 하다.

이러한 공포의 표상은 그것을 접하는 우리에게 공포를 느끼게 함과 동시에, 어두운 해방감을 느끼게 할 것이다.

펑 터지는 '해결불가능성에 의한 내적 파괴', 즉 '호러적인 것'이, 우리를 막다른 길로 데려가기만 하는 것은 결코 아니다.

그것은 이제까지의 우리 삶에 대한 근본적인 거절이며, 이제까지의 관계에 대한 파멸적인 거부다.

바꿔 말하면 그것은 다름 아닌, 새로운 삶을 향한 목숨을 건 도약, 파괴를 통한 재생이다.

미하일 바흐찐은 『프랑수와 라블레와 중세·르네상스의 민중문화』[4]에

---

3 일본의 버블경기를 상징하는 말. 일본의 전후 고도경제성장을 분석하며 일본식 경영을 호평한 에즈라 보겔의 저서 『재팬 애즈 넘버원(원제: Japan As No.1)』(1979)이 일본에서 선풍적인 인기를 끌면서 생겨났다.

서 그로테스크한 표상을, 익살스럽고 밝은 '죽음과 재생'으로 파악한다.

레닌은 『제국주의론』[5]의 '제국주의 비판'에서 '제국주의 제 모순의 근저 분석과 폭로'를 추구하면서, '모순을 보지 않고 피하려고만 하는 개량주의적이고 천진난만한 소망'을 철저히 부정한다.

에티엔 발리바르는 『루이 알튀세르』[6]에서 '비관적'의 반대말은 '낙관적'이 아니라 '비극적'이라고 했다. 이는 달리 해석하자면, '비관적'이 부정적인 상태를 피하고 보지 않으려 하는 태도인 것에 반해, '비극적'은 부정적인 상태를 피하지 않고, 바라보고 받아들이며 그 한복판으로 뛰어드는 태도라는 것이다. 그리고 끝내 다음 세계로 향하는 희미한 빛을 발견하는 태도일 것이다.

나는 1990년대 중반부터 연이어 등장한 호러표상을 쫓으며, 종종 레닌이 말한 '제 모순의 근저 분석과 폭로'를 떠올렸고, 바흐찐의 '죽음과 재생'을 연상하며, 발리바르의 '비관적' 태도에 대해 생각했다.

5

본서는 2001년 봄부터 와세다 대학교 문학부에 개설된 강의의 2007년 버전을 활자화한 것이다. 따라서 그 후의 다양한 호러표상(문학, 연극, 영

---

4 국역본: 『프랑수와 라블레의 작품과 중세 및 르네상스의 민중문화』, 이덕형 역, 아카넷, 2001.
5 국역본: 『제국주의론』, 남상일 역, 백산서당, 1986.
6 국역본: 『루이 알튀세르』, 윤소영 역, 민맥, 1991.

화, 회화, 만화, 애니메이션, 게임 등)에 대한 언급은 없다.

그 사이 호러소설의 피투성이 '붕괴'는 지극히 일반적인 현대소설에 등장하는 마음의 '붕괴'로 옮아갔다. 2000년대 여성작가, 예를 들면 모토야 유키코, 쓰무라 기쿠코, 야마자키 나오콜라, 가와카미 미에코 등의 작품에 빈번히 등장하는 관계와 마음의 '붕괴'는, 신인작가들의 시대소설에도 나타나 있다.

이전 호러소설에 '편재偏在'했던 '호러적인 것'은, 현재 모든 소설로 퍼져서 '편재遍在'하게 되었다. 그것이 '호러적인 것', 즉 '해결불가능성에 의한 내적 파괴'가 사회 전반으로 퍼져 나갔다는 것을 의미한다는 것은 말할 것도 없다.

여기에 동일본대지진과 후쿠시마·카타스트로프가 밀려들었다.

'호러적인 것'이 두루 퍼져 있는 '호러국가'는, 수많은 '붕괴'를 방치한 채 방사선과 방사능 공포의 실태를 '안전'하다는 말로 설득하며 우리 입을 틀어막고, 우리에게 외부 피폭과 내부 피폭을 강요하면서 호러의 강도를 더해 가고 있다.

나는 동일본대지진 이후 '호러국가'의 어두운 황야에서 '안전', '안심'이라는 허위정보를 뿌려 대는 '호러국가'를 향해, 새로운 호러표상을 통한 '분석과 폭로'를 이어가고자 한다.

몇 해 전부터 본서의 번역을 열성적으로 추진해준 정수윤 씨, 그리고 함께 번역작업을 해준 최혜수 씨, 김재원 씨께 감사드린다. 이들 세 사람은 와세다 대학교 대학원 연구실 소속 유학생들로, 이미 뛰어난 논문을 발표한 연구자들이기도 하다. 정수윤 씨는 에도가와 란포론, 최혜수 씨는 나카자토 가이잔론, 김재원 씨는 오오카 쇼헤이론을 통해, 근·현대 일본문학의 비판적 재구축에 기여하고 있다. 세 사람의 연구를 통해 나 역시 많은 것을 배우고 있다. 이들 세 사람에 의해 본서가 한국어로 번역된다는 것을 진심으로 기쁘게 생각한다. 본서에 관심을 가져 주신 평론가 조영일 씨, 도서출판 b의 조기조 씨께도 깊은 감사를 전한다.

2012년 4월 22일
다카하시 도시오

들어가는 말

"당신은 타인에게 절대로 말할 수 없는 것을 얼마나 많이 가지고 있습니까?"

문학부에 들어온 사람은 물론, 앞으로 문학부에 들어가려고 하는 사람, 들어갈까 말까 망설이고 있는 사람에게도 저는 기회가 있을 때마다 이렇게 묻습니다.

한 가지나 두 가지 정도라면 일부러 문학부에 들어 올 필요는 없습니다. 가벼운 통증, 아니 살짝 긁힌 상처 정도라면 말이죠. 정치나 경제, 법률이나 교육 등 인생에서 유용한 다른 방면의 공부에 매진하는 게 낫습니다. 하지만 그것이 훨씬 더 많고, 가슴속에 조용히 묻어 둘 수 없을 정도로 가득 찬 사람이라면, 대학에서는(대학이라는 좁은 범주에 한정한다면) 문학밖에는 없을 것입니다.

'타인에게 절대로 말할 수 없는 것'은 대부분 자기 자신조차도 들여다보고 싶지 않은 것, 생각하고 싶지도 않은 것들입니다. 외로움, 허무함, 무관심, 혐오, 증오, 질투, 거짓말, 허영심, 고독감, 성적 관심, 파괴본능, 사라지고 싶다는 갈망…… 이러한 심리, 감정, 욕망에 의해 촉발되는 어두컴컴한 체험들. 어쩌면 거기에는 '범죄'에 가까운 체험이 있을지도 모릅니다. 그렇다고 해서 부정적인 것만 있는 것은 아니지요. 과대한 이상추구, 미지의 선이나 미에 대한 갈망 같은 유독 긍정적인 것들도 포함되어 있습니다.

이렇게 나열해 놓고 보니, 보고 싶지도 않고 생각하기도 싫은, 그래서 '타인에게 결코 말할 수 없는 것'은 우리 삶에서 꽤 많은 부분을 차지하고 있다는 것을 알 수 있습니다. 이것을 없는 것으로 치부한다면 우리들의 삶은 터무니없이 메말라가겠지요.

그럼에도 불구하고, 그것은 세간의 '유용'과 '실용'과는 관계가 없을 뿐더러, 오히려 방해가 되어 터부시되기도 합니다. 그래서 유용한 학문인 경제학이나 정치학, 법학이나 교육학 등에서는 배제되거나, 혹은 교정해야 할 대상이 되어 버리는 것이지요.

문학을 포함한 예술은 보고 싶지도 않고 생각하기도 싫은, 그래서 '타인에게 절대로 말할 수 없는 것'들을 온전히, 전부, 더도 덜도 말고, 있는 그대로 긍정하는 것에서 시작할 수 있습니다.

예술은 특히 부정적이고 혐오스럽고 꼬이고 뒤틀린 심리, 감정, 욕망을 대담하게 긍정합니다. 세상 사람들과 적이 된다고 해도, 철저하게 그것을 옹호합니다. 당신은 그곳에 머물러도 되고, 어쩌면 그곳을 지나, 다른 무언가를 향해 걸어가도 좋습니다. 그걸 멀리한다고 해서 그것으로부터 자유로워질 수 있는 것은 아닙니다.

헤겔식으로 말하자면, 우리는 그것을 멀리하고 꺼림으로써 해방될 수 있는 것이 아니라, 그것을 지나, 오직 그것을 통해서만 자유로워질 수 있습니다. 지금과는 완전히 다른 관계와 환경, 다시 말해 새롭게 실현된 세계 속으로 ─ .

문학을 포함한 예술은, 최종적으로는 아무도 힘을 보태 주지 않습니다. 그러나 당신을 비난하고, 강제적으로 무언가를 시키려 드는 사람도 없습니다. 보고 싶지도 않고 생각하기도 싫은, 그래서 '타인에게는 절대로 말할 수 없는 것'을 긍정하고, 그것을 포함한 인생 전체를 언어나 이미지, 미세한 소리, 혹은 작렬하는 현란함으로 바꾸며, '교과서'가 없는 혼자만의 작업을 계속해 봅시다.

그때, 당신은 혼자가 아닙니다. 혼자서는 버틸 수 없습니다. 저마다 자신 만의 작업을 꿈꾸는 사람들이 서로 공감하며 다가서는 암흑의 파라다이스, 세상의 광명 한가운데 불거져 나온 암흑의 요새인 것이죠, 문학부란.

유용과 무용, 상식과 위반, 밝음과 어두움 ─ 너무 고루한 '문학'주의, '문학부'주의 아니냐고 생각하는 사람들이 있을지도 모르겠습니다. 그러나 세계최대 '제국'의 총괄하에 세계화의 '새로운 전쟁'이 폭력적으로 침투하 고 있는 지금, '유용'을 중시하는 '밝은' 승자가 축하인사를 받고 있는 만큼, 이에 대항하는 '문학'주의, '문학부'주의 역시, 조용히 회귀하고 있는 것은 아닐까요.

끔찍한 장면이 연쇄적으로 등장하는 이야기를 다루는 저의 '호러론'은, 그런 의미에서 현대문학 입문강의일 뿐만 아니라 '문학부적인 것'의 입문 강의가 될 것입니다.

여기서 말하는 호러는 주로 '호러소설'입니다. 호러horror란 공포인데, 테러terror에서 말하는 '공포'보다 더 생리적인 혐오감에서 오는 '오싹한 것'을 의미합니다. 테러에서 말하는 '공포'가 자신을 넘어서는 외부에서 오는 것인 데 비해, '오싹한 것'은 자신을 포함한 내부에서 오는 공포입니다. '호러'는 외부를 잃어버린 시대의 '공포'라고도 볼 수 있을 것입니다.

호러소설을 싫어하는 사람들은 무서운 것을 꺼리는 이상으로, '이런 연쇄적인 공포는 말도 안 돼, 지어낸 거야'라고 느낄 것입니다. 연애소설이 처음부터 끝까지 연애의 감정으로 넘쳐 나고, 경제소설이 가혹한 경제문제에 이리 치이고 저리 치이는 인간을 다루며, 미스터리가 커다란 '수수께끼'로 각종 세부를 긴박하게 흘러가도록 하듯이, 호러소설도 공포의 연속으로 이루어져 있습니다. 일상에서는 불가능한 일이지요.

그러나 일상을 자세히 들여다보면, 그런 일이 전혀 없다고도 할 수 없습니다. 어렴풋이, 조심스럽게, 일상 여기저기에 공포가 깃들어 있습니다. 호러소설은 이런 아주 자그마한 징조, 혹은 흔적을 극대화시킬 뿐입니다. 연애소설이 '연애'를, 경제소설이 '경제'를 극대화시키듯이 말입니다. 저는 이것을 '극대화의 방법', 혹은 '극단화의 방법'이라 부릅니다. 이 방법을 통해 우리는 우리 자신의 공포와 똑똑히 마주할 수 있게 됩니다.

'제대로 된 SF는 낯선 것을 익숙하게 하는 것이 아니라, 익숙한 것을 낯설게 만드는 것이다. 그것은 우리로 하여금 여행을 떠나게 하고, 그 여행지에서 낯선 것과 마주쳤을 때, 낯선 것은 바로 자기 자신이었다는 사실을 깨닫게 한다.'(R. 스콜즈) 이는 호러소설도 마찬가지입니다.

이 시대의 호러소설과 함께 기이한 세계로 여행을 떠나 봅시다. 한 바퀴 돌아보고 나면, 기이하고 잔혹한 호러의 세계는 우리들이 살고 있는 이 세계인 동시에, 연쇄적 공포에 직면하고 있는 바로 우리 자신이었음을 깨닫게 될 것입니다. 자, 용기를 내어봅시다.

발단

부풀어 오른 풍선이 펑 하고 터지듯이……

이 시대의 '붕괴'와 '폐허'를 둘러싼 시도

여러분, 안녕하세요? '호러론' 첫 번째 강의입니다.

강의실 스크린 가득 만화 컷들이 떠 있는 것을 보고 놀라셨겠지요. 오카자키 교코의 『리버즈 에지』(다카라지마샤)와 시리아가리 고토부키의 『아O스』(소프트매직)에 실린 다양한 '붕괴' 장면들입니다. 두 작품은 호러만화는 아니지만, 그렇기에 오히려 더 선명하게 각인되는 일상 속 호러장면을 담고 있습니다. 이것은 오늘 할 이야기와 관련이 깊은데요, 그 설명은— 잠시만 기다려 주십시오.

'호러론'은 2001년 제1문학부 전기에 '현대의 문학과 문화 1'로 시작해서, 2007년부터 문화구상학부 1학기에 '대중소설론 1'로 개설되었습니다.

↑ 오카자키 교코, 『리버스 에지』(다카라지마샤, 2000) 연재
『CUTiE』, 93년 3월호~94년 4월호 ⒸKYOKO OKAZAKI 2000

아쉽게도 제 마음대로 되지는 않았던 과목명('대중소설론'!)에서 엿볼 수 있는 것처럼, 현대문학을 폭넓게 다루면서도, 영화, 연극, 만화, 애니메이션 등 다양한 장르와 접목하면서, '호러(공포)'에 대해 알아보는 강의가 될 것입니다. 현대문학과 문화니까 당연히 다루는 작품은 매년 조금씩 달라지겠지요.

'호러론'에 이은 2학기 강의는 '괴물론'입니다. '호러론'에서 호러를 '해결불가능성에 의한 내적 파괴(붕괴)'로 이해하는 것처럼, '괴물론'에서 괴물은 '분명 그곳에 존재하지만 정체를 알 수 없어서, 사람들을 불안에 떨게 만드는 무언가'로 정의합니다. 더불어 감정의 괴물, 언어의 괴물에서 전쟁이라는 괴물까지, 우리들의 해석 시스템을 무력하게 만들면서 날뛰는 '괴물'에 대해 생각해봅니다. "괴물이 나타났다, 괴물을 죽여라!"가 아닌, "괴물이 나타났다, 인간이 변해라!"로 나아가기 위한 선택입니다.

'호러론'과 '괴물론'은 현대문학, 넓게는 현대문화입문이라고도 할 수 있겠습니다. '호러'나 '괴물'은 대부분 잔혹하고 연쇄적인 참극을 다루는 이야기지요. '개혁', '품격', '전통'과 같은 가치와는 방향이 정반대입니다.

이 강의는 '아름다운 국가', '개혁', '품격' 같은 가치들이 갑작스레 날아들어 훌륭한 이름으로 유통되던 시대의 '붕괴'와 '폐허'를, 호러, 그리고 괴물과 함께 돌아보려는 시도입니다. 그것은 우리 스스로의 '붕괴'나 '폐허'를 제대로 들여다보지 않고서는 앞으로 나아갈 수 없다는 것을 확인하는 것이기도 합니다.

우리는 호러와 함께 현대사회라는 기차에 올라탔다

우선, 강의의 전체적인 이미지를 한마디로 표현해 보지요.

　　호러와 함께 같은 기차에 오르다.

조금 무섭기도 하고, 약간 재밌을 것 같기도 하네요. 당연한 말인 것 같긴 한데, 뭔가 이상합니다. 비일상적인 느낌이 들지만, 묘하게 일상적이기도 하지요. 아마 강의요강을 펼쳤을 때 '호러'라는 단어를 보고 마음이 이끌렸던 순간, 여러분도 이런 생각을 했을지 모릅니다.

그리고 이 큰 강의실을 가득 메운 사람들 속에 앉아서, '호러와 함께 같은 기차에 올랐다'는 기분이 강하게 들었을 것입니다. 지금 이 강의실에 4백 명 정도가 앉아 있는데, 과목등록에 실패한 사람들이 그 두 배. 강의실 밖에 있더라도 비슷한 기분이 들 거라 생각합니다. 이 강의, 이 교실, 이 대학에 그치지 않는 것은 물론, 현대사회라는 '그릇'—이것은 움직이고 있는 것이니까 '기차'라고 불러도 좋겠지요—, 다시 말해 호러와 함께 현대사회라는 기차에 올라탔다고 할 수 있습니다.

호러가 바로 옆에 있는 사람도 있을 것이고, 멀리 떨어져 있어서 잘 보이지 않는 사람도 있을 것입니다. 하지만 누구나 호러의 분위기는 잘 알고 있어서, '함께 타고 있다'라는 말을 들으면, 흠, 어쩌면 그럴지도, 라는 생각이 들기도 하겠지요. 게다가 이제는 호러를 남겨두고 먼저 기차에서 내리는 것도 불가능하다는 것을 어렴풋이 눈치 챘을 것입니다. 이런 상태는 이미 10년 이상 지속되고 있습니다. 과연 이것을 길다고 해야 할까요, 짧다고 해야 할까요…….

우리는 주변의 호러를 보며 누군가를 떠올린다

그렇다면 다음과 같은 문제제기가 가능할 것입니다.

1. 우리는 호러뿐만 아니라 수많은 작품, 미디어, 사건들과 함께 현대 사회라는 기차에 올라 있는데, 왜 하필 '호러'인가?
2. 애초에 호러(공포)란 무엇인가?
3. 호러를 태운 사회, 혹은 시대는 대체 어떠한 사회, 어떠한 시대인가?

그것은 언제부터 시작되었나?

4. 호러와 함께 기차에 오른 우리는 과연 누구이며, 앞으로 어디를
   향해 나아갈 것인가?

이렇게 문제를 나열해 놓고 보면, 이미 알고 있다고 생각했던 호러는 호러가 아니며, 파악하고 있다고 여겼던 '나' 혹은 '우리'가 뭔지 아리송해집니다.

그와 동시에 '호러', 그리고 '나' 혹은 '우리'가, 지금까지와는 달리 실체를 알 수 없는 신선한 무언가로 여겨질 것입니다.

이러한 인상은 '호러'와 '우리'를 같은 기차에 태웠다는 데서 비롯되는 것이겠지요. '호러'는 '호러', '우리'는 '우리', 이렇게 각각 전혀 다른 것으로 생각해 왔지만, 이 둘이 하나로 엮이는 순간, 그것들이 지금까지와는 다른 전혀 새로운 것으로 다가오게 됩니다.

'호러'와 '우리'뿐만이 아닙니다. '호러'와 '우리', '현대사회', 더 나아가서는 '이 시대'가 함께 엮여 있다고 할 수 있겠지요.

이것이 정치나 경제 쪽에서 일어난 일이라면 엮이는 것이 당연한 일이겠지만, 호러는 그렇지 않습니다. 일반적으로 호러는 '호러 오타쿠'처럼 좁디좁은 곳에서 향유하는 고립된 취미로 알려져 있습니다. 그런 틀에 박힌 영역에서 호러를 풀어놓아 봅시다. 그러면 지금까지는 확실치 않았던 호러의 모습이 드러남과 동시에, 엮여 있던 '우리', 더 나아가 '이 시대'도 지금까지와는 다른 모습을 드러내게 될 것입니다.

원래 그것이 놓여있었던 장소를 바꾸어, 익숙한 것을 낯설게 만드는 것. 우리가 무의식중에 가끔씩 행하는 이 방법을, 문학이론(예술이론)에서는

'낯설게 하기'[7]라고 합니다. 러시아문학 연구가 빅토르 쉬클로프스키의 「기법으로서의 예술」(1917)에 등장한 언어, 러시아어로는 아스토라네니예 ostraneniye. 비일상화, 혹은 비친화화라고도 번역하는 '낯설게 하기'에 대해서는 나중에 좀 더 구체적으로 다루기로 하겠습니다.

여기 있는 학생들 대부분이 1학년이지요. 이중에는 이 강좌를 신청하고 싶어도, 3년 내내 인원초과로 탈락하는 바람에 4학년이 돼 버린 학생들도 있겠고, 다른 학부, 다른 대학에서 일부러 들으러 오는 사람들도 있을 것입니다. 매년 보던 얼굴들도 맨 앞줄에 꽤 있군요. 하지만 거의 대부분은 1학년일 테니, 문학이론을 중심으로 현대사상과 최신전쟁론입문에 대한 이야기도 하려고 합니다. '낯설게 하기'는 이 중에서도 가장 기본이 되는 개념입니다.

공포를 넘어, 자유에 이르기 위하여

총 열 차례의 강의(마지막 강의는 교실 내에서 리포트를 쓰는 시간)를 통해, 조금 전 언급했던 네 가지 문제를 다양한 각도에서 풀어 봅시다. 설명의 축이 될 만한 생각들을 키워드와 함께 정리해 보겠습니다.

7 일본에서는 '이화異化현상'이라 번역하며, 글자대로의 의미는 'making strange'. 하나의 참신한 관점이 낯익은 대상을 낯설게 보이도록 해서, 독자로 하여금 지각할 수 있도록 만든다는 뜻. 예술의 목적이란, 일상 속에서 자동화되어 있어 느끼지 못하는 것을 낯설게 만드는 예술작용, 즉 '낯설게 하기'를 통해 주의를 기울이게 만드는 데 있다는 것이 「기법으로서의 예술」의 골자다. 국역본: 『러시아 형식주의 문학이론』, 문학과사회연구소 역, 청하신서, 1991.

앞으로도 계속해서 나올 것이고, 그때마다 조금씩 살을 덧붙여가며 확실히 파악해야 할 개념들이니, 잘 기억해 두세요.

① 호러를 접한다는 것은 공포를 통해 얻는 자유다.

② 소설, 영화, 텔레비전 드라마, 연극, 만화, 애니메이션, 게임 등에 나타나는 호러는, '잃어버린 10년'[8] 동안 거의 유일하게 '풍요로운 10년'을 구가했던 독특한 장르.

③ 오늘날 호러(작품)는 폐색된 시대의 사람들과 사회가 지니는 '각종 문제들의 해결불가능성에 의한 내적 파괴(계속해서 문제는 일어나지만 해결 방향이 보이지 않아, 결국 내부에서부터 붕괴되는 일)'를 상징한다.

④ '해결불가능성에 의한 내적 파괴'를 '호러적인 것'이라 부르기로 하자. 호러 작품뿐 아니라 연애소설, 탈격계脫格系 미스터리[9], 역사소설, 현대소설에도 '호러적인 것'이 넘쳐흐른다.

⑤ 호러적인 것은 1990년 무렵 나타났고, 이즈음부터 사회 전반에 걸쳐 '해결불가능성'에 대한 의식이 높아진다.

⑥ 호러적인 것은 지금, '새로운 전쟁', '테러와의 싸움'에 저항하고

8 불경기가 10년 이상 계속되는 경기침체기를 일컫는 말로, 일본의 경우 버블경기 붕괴 후인 1990년대 초에서 2000년대 초에 이르는 시기에 해당한다. 기업이 도산하고 종업원들이 해고당했으며 기업합병이 성행했다. 취업빙하기가 도래해, 이 시기 대학을 졸업하는 세대를 '로스트 제너레이션'이라 불렀다.

9 탐정물, 형사물 등 범죄사건을 해결하는 정통 미스터리를 '본격本格 미스터리'라 하는데, '본격'을 탈피해 탐정이나 형사가 등장하지 않고도 미스터리적 요소가 가미된 일종의 엽기적이고 그로테스크한 이야기를 말한다.

있다.

⑦ 호러적인 것에 이르는 상상력은 피투성이 상상력(스플래터[10] 이매
지네이션)이다. 훌륭한 호러 작품을 통해, 우리는 스플래터 이매지
네이션을 느낀다.

하나하나가 다 처음 접하는 생각과 말이겠지요. '피투성이 상상력(스플
래터 이매지네이션)'은 호러를 양분하고 있는 '사이코 계열(내면파괴공포)'
과 '스플래터 계열(신체파괴공포)' 가운데 후자를 이용해서, 제가 만들어낸
말입니다. 하지만 '스플래터 계열'뿐만 아니라, 심리적이면서도 신체적인
내적 파괴, 더 나아가서는 개인을 넘어서 사회의 내적 파괴에 이르는 상상
력을 일컫는 것이라 생각해주시기 바랍니다.

여기까지 듣고 호러가 한층 더 낯설어졌지요? 혹은 의문의 연속일 수도
있고요. 그중에서도 여러분이 '어?' 하고 놀란 것은 ①번 아닐까요. '호러를
접한다는 것은 공포를 통해 얻는 자유다.' 호러와 함께 사회라는 열차에
올랐다는 것은 그렇다고 쳐도, 그 무서운 호러가 어째서 해방감과 관련이
있는 걸까? 하고 고개를 갸우뚱할지도 모르겠습니다.

사이코 호러 극단의 코어 팬

10 신체의 일부가 절단되어 사방에 피가 튀기는 영화를 가리키는 스플래터 영화(splatter
movie)에서 가져온 말.

얼마 전 소극장계에서는 유명한 '슬로우라이더'라는 극단의 대담에 초청받은 적이 있습니다. 민속학자 오리구치 시노부의 죽음으로 막이 오르고, 그의 제자들이 기묘한 각축전을 벌이는 독특한 호러극을 보고, 최근 주목받고 있는 연기자 겸 연출가 겸 극작가 야마나카 류지로와 대화를 나눠보는 기획이었지요. 대부분 서른 전후의 단원으로 이뤄진 젊은 극단인데, 주최자인 미요시 사치코가 학생시절, 제 호러론 강의를 들었다고 합니다. 그래서 다녀왔습니다.

와세다는 연극의 메카이기도 하니까, 여러분 중에도 연극과 관련된 활동을 하는 사람이 많을 테지요. 제가 맡고 있는 1학년들의 기초연습수업 학생들이 그 멤버 그대로 극단을 만든 적도 있습니다.

문학부라는 곳은 제가 학생시절일 때도 그랬지만, 발랄하면서도 생기가 넘치는 학생들은 보기 드뭅니다. 어둡고, 차분하고, 내성적이고, 게다가 묘하게 폭력적인 학생들이 많아서(웃음), 뭐 저 같은 사람이야 그대로 선생이 되어 버렸지만, 그때 기초연습수업을 받던 학생들도 그랬습니다. 모임을 갖더라도 마지막에 단체사진을 찍을 만한 사람도 없었죠. 모두의 주목을 받으면서 사진을 찍자고 말을 걸고, 셔터를 누르는 행동이 불가능했습니다. 서른 명이 하나 같이 다 그런 친구들이었어요(웃음). 물론 저도 그런 일에는 재능이 없어서 조용히 뒤로 숨곤 합니다.

그런 클래스가 그대로 극단이 되었어요. 슬랩스틱(우당탕) + 넌센스 + 액션계 극을 펼치는 게 특징이었습니다. 보고 온 사람들의 말에 따르면, 좁은 무대에서 무의미하고 격렬한 난투극을 벌이는 모양이었습니다. 그렇게 어둡고 차분하고 내성적이고 폭력적인 사람들이! 저는 할 말을 잃고, 역시 그렇군, 하고 생각했습니다. 조금 기쁘긴 하지만, 절대 보러 가고 싶진 않다고 말이죠(웃음).

어쨌든 사이코 호러극이 끝나고 나서 그 극이 남긴 무겁고 어두운 여운으로 가득했던 비좁은 극장에, 그것도 조명등으로 인해 관객 얼굴도 보이지 않는 무대 위에 서는 것은, 굉장한 용기가 필요한 일이었습니다. 하지만 저는 마이크를 쥐기만 하면 자리에서 벌떡 일어나는 버릇이 있어서, 입을 열자마자 "호러는 언제 어디서나 자유입니다." 라고 말했습니다. 어쩐지 사이비 교주 냄새가 나는군요(웃음).

그러자 쏟아지는 빛 저편, 제 쪽에서는 보이지 않는 관객석이 살짝 동요하기 시작했습니다. "그럴 리가 있나." 하는 분위기와 "그래, 맞아, 그렇다니까." 하는 분위기가 반반인 듯했습니다. 사이코 호러 전문극단에, 코어팬들조차 그러하니 여러분들 중에도 분명 '자유'에 대해 의문을 갖는 사람이 더 많을 겁니다.

가능하다면 그런 의문을 떨쳐 버리지 말고 제 이야기를 들어주세요. 처음에는 무서워, 무서워, 하면서 멀리했던 호러가, 결국은 우리가 보려 하지 않았던 무언가를 비춰 주면서, 우리와 함께 앞으로 걸어 나아갈 때까지…….

살아 있다는 것을 확인하는 기분

그렇다고는 해도 '호러 해방설'에 반신반의하는 사람들이 많을 겁니다.
그렇다면 '자유'까지는 가지 않더라도, 그 비슷한 의미로 호러를 다루는 만화가 겸 작가 우치다 슌기쿠의 말을 빌려 볼까요.

얼마 전, 마쓰오 다토시가 사회를 맡은 영화 프로그램에서 '슌기쿠 씨에게 호러영화란?'이라는 질문을 받았던 적이 있어요. 제 기억으로는 그 질문에 '살아 있다는 것을 확인하는 기분'이라고 답했던 것 같습니다. 예를 들면 말이죠, 올 2월에 (그나저나 벌써 반년 전 일이군요…… 빠르기도 하지) 넷째 아이가 태어났는데요, 남편이 촬영한 비디오가 있었어요. 정면에서 찍은. 그건 뭐, 보려고 하니까 완전 호러인 거예요. 아이가 태어나는 부분도 그렇지만, 태어난 후에도 내가 배꼽 부위에서 함께 나온 것들과 함께 아이를 안고 기뻐하고 있고. 으아, 이상하더라고요. 평소에는 없는 셈 치고 살았던 부분이 밝은 곳으로 드러났을 때의 기묘함이란. 하지만 평소에 없는 셈 치고 있던 것뿐이지, 사실은 주변에 이런 일이 굉장히 많죠. 계속해서 없는 셈 치고 싶어 하는 사람도 있다는 것도 알고 있어요. 그런 것이랄까요, 호러란.

『이웃 — 우치다 슌기쿠의 호러걸작선』(가도카와호러문고)에 실린 후기의 마지막 부분입니다. 양아버지와의 섬뜩한 생활을 그린 『파더 퍼커』[11] (분슌문고)나 타오르는 성애와 감정을 담담하게 그려낸 『기오미』(가도카와문고)의 저자답게 호러를 제대로 인식하고 있었습니다.

'살아 있는 것을 확인하는 기분'이라면 보통은 훌륭한 일을 실현하기

11 웨이트리스, 클럽가수, 호스티스, 만화가 등을 거쳐 소설가로 데뷔한 우치다 슌기쿠의 자전적 소설(1993). 사춘기 시절 어머니의 묵인 아래 양부에게 성폭행당한 사실을 낱낱이 고백한 이 소설은, 당시 일본에서 큰 반향을 불러 일으켰다. 국역본: 『개 같은 내 아버지』, 이선희 역, 창해, 2001.

위해서 열심히 노력했을 때 드는 기분이겠지만, 여기에서는 대부분의 사람들이 시선을 피하면서 마치 없는 것처럼 여기는 피투성이 생명탄생을 가리킵니다. 보는 것과 보지 않으려는 것은 모두 다 '살아 있는' 것이겠지만, 보지 않으려는 것은 평소에 보지 않기에 오히려 더 '살아 있다'라는 실감이 들게 합니다.

우치다 슌기쿠가 작품 속에서 다루고 있는 것은 '함께 맞춰 사는' 조화로운 삶이 아니라, 보통 사람들은 물론 대부분의 작가들도 보지 않고 회피하려 하는 일종의 파멸형 생입니다. 그건 그녀가 계속해서 호러를 쓰고 있다는 말일까요?

제가 느끼는 해방감을 우치다 슌기쿠 씨의 '살아 있는 것을 확인하는 기분'에 빗대어 표현해 보지요. 그것은 애써 보지 않으려 하면서 멀리하는 각종 터부나 구조 등으로부터의 해방감인 동시에, 보지 않으려고 했던 그것을 정면으로 뚫고 나가야만 다음 단계로 넘어갈 수 있다는 데서 오는 해방감입니다. 보지 않으려 했던 것이 피투성이 생명탄생과도 거리가 먼 정신적·신체적인 '붕괴'나 피가 낭자한 죽음이라 해도, 아니 그렇기에 오히려 더욱 더 말이죠.

어때요? 조금은 '호러＝해방' 설에 다가갔을까요. 흐음, 아직인가요?(웃음).

'새로운 전쟁'이 아닌 '붕괴'에 직면하자

'수업 가이드'에 썼던 강의개요를 읽어보겠습니다.

폐색감 짙은 시대 속에서 문제가 꾸준히 불거지고 있음에도 불구하고 무엇하나 해결되지 않는다. 그렇게 해결불가능한 문제들이 점차 축적되어 더 이상 버틸 수 없게 되자, 쨍그랑 하고 '그릇'이 깨진다. '무너진다.' 우리 사회가, 그리고 우리 자신이 — '무너진다'는 표현은 현재 다양한 방면으로 번져 나가고 있다.

우리 시대의 호러표상(소설, 영화, 연극, 만화, 애니메이션, 게임……)은 이러한 '붕괴'와 관련되어 있다. 즉, 공포의 표상은 우리 자신의 표상이기도 하다.

호러표상에 의해 일부가 표면으로 드러난 '해결불가능성에 의한 내적 파괴'를 '호러적인 것'이라 부르기로 하자. '해결불가능성에 의한 내적 파괴'에 직면한 지금, 이러한 참상에 대한 관심을 다른 곳으로 돌리려는 '새로운 전쟁', '테러와의 투쟁'을 경계해야 한다. 글로벌 '제국'이 세계를 뒤덮어 '제1차 세계내전'이라고도 불리는 '새로운 전쟁'이 일어나고 있지만, 그런 전쟁에 휘말려 '테러경비'의 선봉장이 되거나, 지하철 안에서 두리번두리번 선동불침번을 서고 있을 때가 아니다. 우리 자신의 '붕괴'와 '해결불가능성에 의한 내적 파괴'에 직면한 지금, 호러표상의 안내를 받으며 그 문제를 헤쳐 나가고, 상상력을 펼쳐 보자. 상상력, 다시 말해 스플래터 이매지네이션(피투성이 상상력)을.

호러영화의 2대 걸작, 조지. A. 로메로의 <살아 있는 시체들의 밤>(1968)과 토브 후퍼의 <텍사스 전기톱 살인사건>(1974)을 통해 미국 사회와 호러의 관련성을 파악한다. 1990년대 초부터 현재까지 '호러적인 것'을 문학적으로 시도해 온 무라카미 류, 무라카미 하루키, 기리노 나쓰오, 반도 마사코, 오노 후유미, 기시 유스케, 미야베 미유키, 메도루마 슌, 다카미 고슌, 이와이 시마코 등의 작품도 철저하게 읽고 이해해 보자.

간혹 에드워드 고리의 음울한 걸작 『갸슈리크람의 꼬마들』[12](가와데 서방신사) 같은 작품들도 언급하면서, 오카자키 교코의 '사건'이라고도 할 만한 걸작 『리버스 에지』(다카라지마사)도 다뤄야 할 것이다. 그건 그렇고, 사람들은 호러라고 하면, 전쟁 그로테스크와는 관계없는 순수 에로틱파 하야미 준[13]을 떠올릴까?

읽고 있으려니, 여러분 이상으로 제 가슴도 두근두근 뛰는군요. 총 열 차례의 강의 동안 여기 실린 내용들을 무사히 다 다루면서, 이 강의실을 여러분들의 열렬한 관심과 반응으로 채워나가고 싶습니다.

강의개요 중에 글로벌 '제국'이라는 어휘가 나왔는데요, 이건 이탈리아 운동가 안토니오 네그리와 미국학자 마이클 하트가 쓴 『제국』[14]에서 나온 말입니다. 그들의 저작 『다중』[15]과 함께 제가 언젠가 강의 때 나눠 드렸던 「다양한 이론을 공부하기 위한 주요저작 가이드」[16]를 참고해 주십시오.

---

12 A~Z까지 이니셜을 지닌 26명의 아이들이 갖가지 이유로 죽어 가는 내용을 음산한 일러스트 와 함께 짧은 글로 표현한 작품(1963). 20세기 중후반 미국에서 활동한 에드워드 고리 (1925~2000)는 공포와 유머를 주요 테마로 글과 그림을 발표했다. 국역본: 『펑 하고 산산조 각 난 꼬마들』, 송경아 역, 황금가지, 2005.
13 1980년대 에로 만화계를 대표하는 만화가.
14 국역본: 『제국』, 윤수종 역, 이학사, 2001.
15 국역본: 『다중』, 조정환 외 역, 세종서적, 2008.
16 본서 제5강 참조.

아아, 끝으로 만화가 하야미 준에 대해서는 강의 중에 이야기할 기회가 없을 것 같으니, 관심 있는 사람은 『러브레터 프롬 저편』(오타출판)이나 『피투성이 천사』(구보서점)를 읽어 보시길. 에로틱 그로테스크 호러의 극치지요.

'나도 그렇지만, 니들도 도망칠 곳은 없어. 꼴좋다.'

자, 그럼, 오카자키 교코의 만화 『리버스 에지』의 두 번째 장면으로 넘어가 봅시다.

오카자키 교코는 1980년대 중반부터 1990년대 중반에 걸쳐 활약한 만화가입니다. 1996년, 교통사고를 당해 현재 요양 중입니다. 2003년 단행본으로 출간된 『헬타 스켈터』는 돌이켜보면, 한 여성이 '현대사회로부터'가 아니라 '현대사회를 향해' 처절한 여행을 떠나는 이야기였습니다. 여러분 중에도 읽어본 사람이 많겠죠.

『리버스 에지』는 『헬타 스켈터』를 출간하기 전인 1993년부터 다음해에 걸쳐 잡지 『CUTiE』(다카라지마샤)에 연재된 작품입니다.

'마을에는 강이 흐르고 있었고, 하구 가까이 물이 넓게 고여 있는 곳에서는 역한 냄새가 풍겨 왔다.' 강변에는 흙이 쌓인 채 방치된 곳이 있습니다. 이야기는 이 거리에 사는 고등학생들을 중심으로 펼쳐집니다. 주인공인 와카쿠사 하루나의 남자친구인 야마다 군은 차분하면서도 눈에 띄지는 않지만 꽤 잘생긴 동성애자 소년인데, 친구들에게 따돌림 당해서 늘 맞고

↑ 오카자키 교코 『리버스 에지』(다카라지마샤, 2000)
ⓒKYOKO OKAZAKI 2000

다닙니다. 그런 야마다 군에게는 비밀이 있습니다. 강변에서 우연히 발견한 시체를 '보물'로 삼고 있다는 것입니다. 호러지요?

깜짝 놀라는 하루나에게, 자기는 이 시체를 보고 있으면 마음이 편안해지고 용기가 난다고 말합니다. 모델 활동을 하고 있는 한 학년 아래 미모의 요시카와 고즈에도 시체에 관해 알고 있고, 가끔씩 함께 시체를 보러 갑니다.

자, 강의시작 전부터 여기 스크린에 띄워 둔 컷은 하루나, 요시다 군, 요시카와 고즈에가 시체를 묻는 장면입니다. 하루나가 요시카와 고즈에에게 시체를 처음 봤을 때 어떤 기분이 들었냐고 묻자, "난 말이야, 꼴좋다고 생각했어." 라면서 이렇게 말합니다.

"세상 모든 사람들이 예쁜 척, 멋진 척, 즐거운 척하면서 살고 있지만, 까불지 말라고 해. 장난 그만치고, 그쯤에서 관두라고 말이야. 나도 그렇지만, 니들한테도 도망칠 길은 없다고. 꼴좋다고 말이야."

시체를 보면 마음이 편안해지고 용기를 얻는 야마다 군에 비해 요시카와 고즈에는 공격적이지요. 또한, 야마다 군이 철저히 개인적인 것에 비해 사람들 앞에 서는 모델 일을 하는 요시카와 고즈에는 굉장히 사회적인 반응을 보입니다. 시체라는 '붕괴'의 극치, '호러적인 것'을 모른 척하는 사회를 향해 거칠게 항의합니다.

두 번째 장면은 성격도 평범한데다가 얼굴도 못생겨서 늘 혼자 틀어박혀 사는 하루나 반 친구의 언니가, 모든 면에서 자신과는 정반대인 동생을 칼로 찌르는 장면입니다. 이런 대사가 있네요.

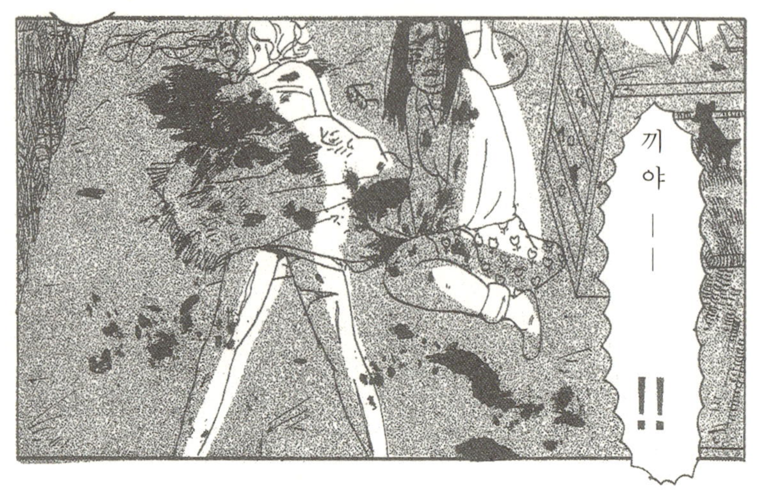

↑ 오카자키 교코, 『리버스 에지』(다카라지마샤, 2000)
ⒸKYOKO OKAZAKI 2000

"참극은 갑작스레 찾아오는 게 아니야. 그럴 수가 없지. 사실 그건 천천히, 그리고 차츰차츰 준비되고 진행되는 거야. 바보 같은 일상, 지루한 하루하루가 반복되는 가운데 참극은—마치 부풀어 오른 풍선이 펑 하고 터지듯이 한순간에 일어나는 거지. 펑 하고 말이야."

이 대사 속에서 한층 더 '호러적인 것'을 읽어 내는 것. 예를 들어, '바보 같은 일상, 지루한 하루하루'이기에 더욱 절실하게 다가오는 1990년 이후 '해결불가능성' 시대의 조용한 참극을 읽어 내는 것. 이것이 우리가 앞으로 공부하게 될 '호러'이며, 제 강의의 내용입니다.

언제나처럼 그 '친구'가 찾아왔다

『리버스 에지』가 발표된 지 약 10년 뒤 발표된 『아O스』에는 야마다 군도, 요시카와 고즈에도 보이지 않습니다. '친구'가 없습니다. 작품에 등장하는 사람은 거짓말하는 부모님과 시궁창 냄새가 나는 나오미라는 이상한 이름의 '나' ─ 어쩌면 이미 '나'조차 없는 것인지도 모르지요.

그러고 보니, 수년 전부터 학생들의 최대 관심사는 '친구 만들기'가 된 것 같습니다. '기초연습' 같은 1학년 세미나에서 얘기를 들어보면, '친구 만들기'에 대한 불안과 기대에 대한 얘기가 꼭 나옵니다. 학과선택의 가장 중요한 기준도 '친구 만들기'고요. 내성적인 학생뿐 아니라 가끔가다 있는 밝고 쾌활한 학생들도 그렇습니다. 그렇다고는 하지만 지나치게 친밀한 관계는 친구가 없는 것보다 더 질색이라고 하더군요.

제 생각에 '친구 만들기'란, '지금 여기'에는 없는 새로운 관계, 그 무엇보다 나와 친밀한 존재를 '친구'에게서 찾고 싶어 하는 마음이 아닐까 싶습니다. 그렇다면 '친구 만들기'는 웬만해서는 실현되기 어려울 겁니다. 오히려 좌절되는 경우가 더 많겠지요.

'친구'를 기대해 왔던 '나'는 결국 '친구'를 만나게 됩니다. 그것은 마음 속 괴물, 자카리아스입니다.

사수자리에 혈액형은 B형. 태어난 곳은 고철공장이고, 양의 탈을 쓴 살인범. 어린아이를 8등분으로 잘라, 내장을 빨아 마심. 하룻밤에 일곱 가지 꿈을 꾸며, 보라색 갈고리 발톱에는 독이 있기 때문에 만지면 안 된다. 밤이 되면 내 방으로 숨어 들어와서 목을 조르지만 죽이지는 않는

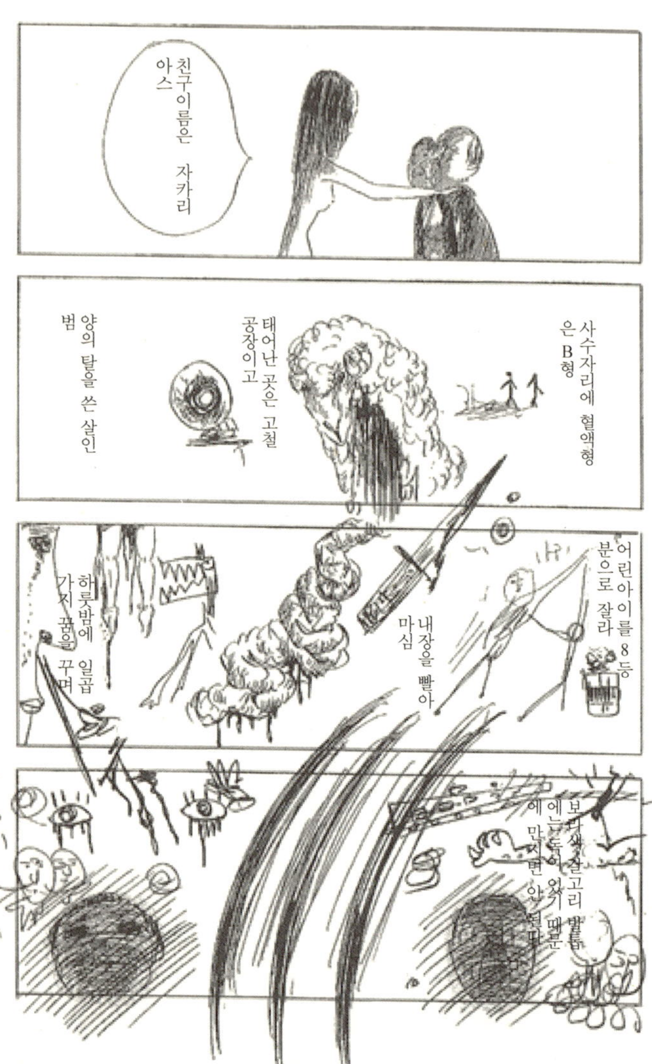

↑ 시리아가리 고토부키, 『아O스』(소프트매직, 2002)
©SHIRIAGARI KOTOBUKI 2002

다. 눈을 떼는 것은 금물. 그의 눈에서 눈을 떼서는 안 된다. 왜냐하면 그는 저승사자이자, 내 등 뒤에 숨어있는 자의 그림자이기도 하니까. 나의 나의, 나의 나의 나의, 나의 나의…… 친구인 자카리아스는!

호러적인 것의 등장, 해결불가능성에 의한 내적 파괴가, '나'에게 일어나고 있습니다. '나'는 자카리아스를 만난 뒤 바깥세계의 '친구'를 찾아 헤매지만 그 방황도 결국에는 주변 사람들에 의해 제지당하지요. '나'는 뇌수술을 받은 후 사람들에게 '고마워'라고 말합니다. '나'는 사람들에게 축복의 박수를 받습니다. 여기 있어도 괜찮구나…… 하지만 그것은 애초에 '붕괴' 마저 없는 것으로 치부하는 사회에 의한 것이었죠. 만화책을 덮는 순간 독자들은, 아무것도 없다 해도 지금 당장 방황을 시작해야 한다고 마음먹었을 것입니다.

『아○스』는 '호러적인 것'을 표현함과 동시에, 폐허 속으로 한 걸음 더 나아가도록 재촉하고 있다고 할 수 있겠지요.

'낯설게 하기'를 배우기 위한 참고자료

자, 이제 강의 첫머리에서 언급했던 '낯설게 하기'를 배우기 위해 몇 가지 참고자료를 보겠습니다. ①과 ②에 관해서는 다섯 번째 강의에 나오는 「다양한 이론을 배우기 위한 중요저작 가이드」도 참고해 주십시오. ①은 '낯설게 하기'를 제시한 기념할 만한 논문의 중심부분입니다. 이 논문이 1917년, 러시아 혁명의 해에 발표되었다는 것도 기억해 두시기 바랍니다.

혁명의 시대에 있었던 '예술혁명'의 이론적 실천 중 하나였습니다. ②는 바로 이 '낯설게 하기'를 '익숙하게 하기'와 대립하는 힘으로 제시함과 동시에 '역사화'라는 관점을 더하여, '익숙한 세계'에서 '다른 세계'로 가는 통로를 제시했습니다. ③과 ④는 '낯설게 하기'를 저마다 저자들의 관심에 따른 어휘로 표현한 문장입니다. 이 글들을 정독하면서, 여기에 나타난 사상과 언어들을 모두 여러분의 것으로 만들어 두시기를.

① 러시아 문학연구가 빅토르 쉬클로프스키, 「기법으로서의 예술」(1917)

나는 여기저기 방을 닦다가 소파로 갔는데, 내가 그것을 닦았는지 닦지 않았는지 도무지 생각이 나질 않았다. 이런 동작들은 습관적이고 무의식적인 것이었기 때문에 나는 그것을 기억할 수 없었고 기억하는 것도 불가능했다. 그런 까닭에 만약 내가 방을 닦았는 데도 그것을 잊어버린 것이라면, 다시 말해 무의식적으로 행동한 것이라면, 그것은 아무 것도 하지 않은 것과 같을 것이다. 만약 누군가가 의식적으로 그것을 바라보고 있었다면 사실을 확인할 수 있겠지만, 아무도 보고 있지 않았거나 무의식적으로 보고 있었다면 재현은 불가능할 것이다. 만일 많은 사람들의 복잡한 생활 전체가 무의식적으로 일어나고 있다고 한다면, 이런 생활은 결코 존재하지 않았던 것과 마찬가지일 것이다. - (1897년 2월 28일, 니코리스코에서 레프 톨스토이의 일기 메모)

이렇게 생활은 무無로 귀착되면서 사라져 버린다. 습관화는 작업, 의복, 가구에서부터 누군가의 부인이나 전쟁의 공포마저도 집어삼켜 버린다.

'만일 많은 사람들의 복잡한 생활 전체가 무의식적으로 일어나고 있다고 한다면, 이런 생활은 결코 존재하지 않았던 것과 마찬가지일 것이다.'

생활의 감각을 되살려 '대상'을 느끼게 하고, 돌을 돌답게 하기 위해 예술이라고 불리는 것이 존재한다. 예술의 목적은 사물에 대한 감각을 알려져 있는 대로가 아니라 지각하는 대로 부여하는 것이다. 예술의 기법은, 대상을 습관화 상태 밖으로 이끌어내는 낯설게 하기의 기법이며, 지각知覺을 힘들게 하고, 지각에 소요되는 시간을 연장시킨다. (중략) 레프 톨스토이의 낯설게 하기 기법은 대상을 원래 이름 그대로 부르지 않고 처음 보는 듯이 묘사한다. 사건 또한, 처음 일어난 듯이 묘사한다.

② 독일의 극작가 베르톨트 브레히트, 「실험적 연극에 대하여」[17](1939)

'낯설게 하기'란 무엇인가? 어떤 사건진행이나 인물을 낯설게 한다는 것은 우선은 간단하게 사건이나 인물에게서 당연한 것, 잘 알려진 것, 자명한 것을 제거하고, 그에 대해 놀라움과 호기심을 유발시키는 것을 말한다. …… 리어왕(셰익스피어의 『리어왕』)이 겪은 일들이 어느 시대나, 누구에게나 분노를 자아내는 것은 아니다. 분노는 언제 어디서나 가능한 인간적 반응이기는 하지만, 어떤 분노가 특정 형태로 표현되고 특정 원인에서 비롯된 것이라면 그것은 특정 시대에 국한된 것이다. 낯설게 한다는 말은 역사화 한다는 말이다. 다시 말해 사건과 인물을

---

17 국역본: 『브레히트의 연극이론』, 송윤엽 역, 연극과 인간, 2005.

역사적인 것으로, 그러니까 일회적으로 지나간 일로 표현한다는 말이다. …… 인물은 현재의 상태로만 상상 가능한 게 아니고 달리 상상해 볼 수도 있다. 또한 상황 역시 현재와 다르게 상상해 볼 수 있다.

③ 프랑스 비평가 롤랑 바르트, 『신화작용』[18](1957)

당시 나는 프랑스의 일상에서 일어나는 몇 가지 신화에 대해 규칙적으로 고찰하려는 시도를 했다. 고찰의 소재는 굉장히 변화무쌍했고(신문기사, 주간지 사진, 전시, 전람회) 주제는 무척 임의적이었다. 물론 연구 주제는 내가 처해있는 현실이었다. 너무 익숙해져서 그 역사성을 제대로 알아볼 수 없는 저널리즘, 예술, 상식처럼 현실에 뒤엉킨 '자연스러움'에서 오는 불편함이, 이 문제를 고찰하는 가장 큰 계기가 되었다. 한마디로, 사람들이 현실을 기술할 때 '자연스러움'과 '역사'를 혼동하는 것을 보며 괴로워했던 것이다.

④ 미국의 역사학자 스티븐 J. 그린블라트, 『욕설을 배우다』(1990)

…… 모든 소리는 이질적인 경험의 실로 짜여 있기 때문에 그것을 잇는 법을 이해하면 된다. 내가 세운 계획은 이미 친근하고 당연해진 것을 새롭고 독특하게 만드는 것이다. 우리 삶의 일부분이 되어서 고민할 필요도, 동요할 필요도 없는 것(예를 들자면 셰익스피어)도, 사실은 무언

18 국역본: 『현대의 신화』, 이화여자대학교기호학연구소 역, 동문선, 1997.

가 다른 것, 무언가 다른 것의 일부분이라는 것을 증명하는 일이다.

우연

가장 먼저 나타나는 것은 망가진 인간이다……

『붓케, 교테』를 만나다

호러론, 두 번째 강의입니다.

지난 번 강의에서는 강의요강에 따라 강의의 전체적인 개요에 대한 이야기를 했었지요.

호러와 같은 기차에 함께 탔으니, 호러와 우리의 모습을 생각해보면서 1990년대부터 시작해 현재에 이르는 '해결불가능성에 의한 내적 파괴'의 참상을 확인하자. 그러기 위해서는 '피투성이 상상력' 즉, 스플래터 이매지네이션이 필요하다. 이것이 지난 강의의 내용이었습니다.

저는 호러소설 전문가도 아니고, 호러 전반을 연구하는 사람도 아닙니다. 사실 제가 호러에 대해 깊은 관심을 갖기 시작한 것도 최근의 일입니다.

← 『봇케, 교테』, 이와이 시마코
(가토카와서점, 1999)

암흑 속에서 '가장 먼저 나타나는 것은 망가진 인간이다'라는 놀라운 장면을 만들어낸 호러작품, 이와이 시마코의 『봇케, 교테』[19]를 읽고 '호러'를 제대로 연구하지 않을 수 없었습니다.

어느 영화잡지에서 최근에 나온 호러영화에 대한 글을 요청해왔을 때, 호러는 제게 있어 관심이 없지는 않은 하나의 막연한 장르에 불과했습니다.

제가 비평을 쓰기 잘했다는 생각이 들 때가 있는데, 그 중 하나는 모르는 편집자에게서 갑자기 의뢰를 받을 때입니다. 어쩐 일인지 그 편집자는 저를 알고 있고, 게다가 제가 거의 의식하고 있지 않은 테마나 대상을 슬쩍 꺼내 와서, 저를 깜짝 놀라게 하곤 합니다. '이것을

---

19 메이지 시대, 오카야마의 유곽에서 얼굴이 일그러진 창녀가 잠을 이루지 못하는 손님에게 자신의 무시무시한 사연을 이야기한다. 그녀는 흉작이 거듭되는 마을에서 낙태를 당해 강가에 버려졌지만, 물 위로 떠올라 숨을 쉬자 산파가 그녀를 데려다 키운다. 쌍둥이로 함께 태어났던 언니는 인간의 몸을 얻을 수는 없었지만, 동생의 왼쪽 얼굴에 혼만 들러붙은 채 살아 왔다. 오카야마 사투리로 담담하면서도 여유롭게 이어지는 여인의 문어체가 작품 전반에 오싹한 공포를 전한다. '봇케, 교테'는 오카야마 방언으로 '너무, 무서운'이라는 뜻.

쓸 사람은 당신밖에 없다', '당신은 이것을 쓰지 않으면 안 된다', '지금 이것을 쓰지 않으면 당신은 분명 후회할 것이다' 등등.

지금까지 몇 번이고 이런 부추김 덕택에 흥미로운 테마와 대상을 만났습니다. 그때는 깨닫지 못하고 있었지만, 언젠가는 반드시 마주하지 않으면 안 되는 테마와 대상이었습니다. 그리고 시간이 흐른 뒤 돌이켜보면 그런 일들은 늘 저의 전환기가 되었습니다.

꽤 오래전부터 편집자를 직접 만나서 원고를 주고받는 일이 없어졌습니다. 팩스와 메일로 원고 데이터를 송부하는 것이 필자와 편집자의 거리를 한없이 멀어지게 만들었지요. 그래서 갑작스러운 의뢰로 저를 놀라게 하는 편집자들 대부분은 얼굴을 모릅니다. 어쩌면 목소리밖에 모르기에 그 갑작스러운 의뢰가 제 안에 잠재되어 있던 테마나 대상의 목소리처럼 여겨지기도 합니다. 더구나 시간이 좀 더 지나면 의식의 표면에 떠오르기도 하고요. 잘 알려진 영화잡지에 몸담고 있던 한 편집자 역시 그런 의뢰를 했지요. 그 목소리는 "호러영화에 관해 글을 쓰신 것은 본 적이 없지만, 슬슬 쓰셔도 괜찮지 않겠습니까?"라고 말했습니다. 지금까지의 경험으로 비추어볼 때, 저는 깜짝 놀랄 만한 의뢰일수록 거절을 못해요. "네, 알겠습니다." 술집 점원처럼 그 자리에서 그렇게 답했던 것을(웃음), 기억하고 있습니다.

호러 붐 속에 발을 들이다

저도 그 때까지 조지 A. 로메로 감독의 <살아 있는 시체들의 밤>(1968)이나 토브 후퍼 감독의 <텍사스 전기톱 살인사건>(1974)으로 시작된 미국 호러영화는 물론, 스티븐 킹이나 딘 R. 쿤츠, 클라이브 바커 등의 소설, 혹은, 반도 마사코나 기시 유스케 같은 작가의 작품을 즐기지 않았던 것은 아닙니다. 하지만 그것들은 호러라는 장르 중 잘 만들어진 작품들일 뿐, 문제로 삼을 만한 요소는 없었습니다.

저는 마감까지 2주도 남지 않은 상황에서 그런 작품에 대한 기억을 더듬어 가며, 최신 호러영화를 보고 호러소설을 손에 잡히는 대로 읽었는데요, 그 중에 조금 지나긴 했지만 일본 호러소설대상을 수상한 이와이 시마코의 『봇케, 교테』가 있었습니다.

이 기묘한 타이틀의 ― '너무, 무서운'의 오카야마 방언이라는 것을 알면 굉장히 대담하고 부적절한 타이틀인 ― 단편을 읽으면서 제 마음속에 '호러', 혹은 '호러적인 것'이 폭발적으로 생성되는 것을 강렬하게 느꼈습니다. 과장이 아닙니다. 그것은 육체적인 아픔과 괴로움을 수반하는 것이었습니다. 혐오나 기피와는 거리가 먼 아픔과 고통을 말이죠.

호러적인 작법이 이야기 속 공포를 덜어주고 있다는 점에서 『봇케, 교테』는 단순한 호러가 아닌 포스트 호러, 혹은 초超호러라 볼 수 있을지도 모르겠습니다. 그러나 그래서 더욱 '호러적인 것'의 윤곽을 선명히 그리고 있다고도 할 수 있겠지요. 다 읽고 나서 저는 당시 많은 사람들이 이 작품에 주목했던 것이 떠올랐습니다. 그래서 일단은 사 두었던 거겠지요. 오노 후유미의 두꺼운 두 권짜리 책 『시귀』[20]도 마찬가지였습니다.

20 일본의 일반적인 장례방법인 화장이나, 여전히 매장 습관이 남아 있는 소토바 마을(죽은 자를 기리기 위해 무덤 뒤에 세워 두는 소토바를 만드는 마을이라고 해서 붙여진 이름). 이곳에는 죽은 자들이 무덤에서 일어나 마을로 내려와 저주를 내린다는 전설이 있는데, 이들을 '시귀'라 한다. 어느 날 마을 산자락에서 잔인하게 살해된 세 구의 시체가 발견되고,

저는 주목을 받거나 화제가 된 책은 가능한 한 읽어 두려고 노력하고 있습니다. 세상의 유행을 따르지 않고, 주목을 받거나 화제가 된 책에서 멀어지려고 하면 할수록, 거꾸로 유행이나 화제에 지배당하기 때문입니다. 특히 눈에 보이지 않는 문화적 유행이나 화젯거리의 경우, 그것이 세상에 모습을 확연히 드러냈을 때에는 이미 우리들의 내부에서도 같은 경향이 일어나고 있는 경우가 많지요. 유행하거나 화제가 되었다는 것은 어느 정도 우리 자신의 문제이기도 합니다. '베스트셀러나 화제작'에 대해 수치심을 느끼고 그것에서 멀어지려고 하면, 우리 자신의 모습에서도 멀어지기 십상입니다. 따라서 현재 유행하는 화제작을 챙겨 보는 것은 우리가 그것에 무의식적으로 지배당하지 않기 위해, 우리가 우리를 제대로 들여다보기 위해서 필요하다고 할 수 있겠지요.

『봇케, 교테』를 읽고, 제 안의 호러 체험이 왈칵 쏟아져 나왔습니다. 실은, 제 마음 속에서도 꽤 오래전부터 호러 붐이 소리 없이 진행되고 있었던 것이죠.

기다려온 소설의 출현

『봇케, 교테』는 제6회 호러소설대상 수상작입니다. 대상이라고 하면 보통은 장편소설을 떠올리는데, 이 작품은 4백자 원고지 60장짜리 단편소설

뒤이어 현실 속 시귀의 존재가 드러난다. 만화로도 각색되어 『점프스퀘어』(슈에샤, 2008~11)에 연재되었다. 원작 국역본: 『시귀 1 · 2 · 3』, 임희선 역, 들녘, 1999. 만화 국역본: 『시귀(전 11권)』, 서현아 역, 학산문화사, 2010~11.

입니다. 응모작 중에는 4천장에 가까운 대작이 있어서 주목을 받았던 모양입니다. 하지만 60장짜리인 이 작품에는 못 미쳤다고 합니다. 꽤 극적인 수상이었지요. 어느 분야에서든 이런 '역전' 드라마 이야기를 들으면 마음이 두근거리기 마련입니다.

심사위원은 아라마타 히로시, 다카하시 가쓰히코, 하야시 마리코였습니다. 아라마타와 다카하시는 순수한 호러소설의 저자들이기도 합니다. 하야시 마리코는 뜻밖의 동작이나 행동이 호러죠. 이 세 사람의 주목할 만한 '심사평'을 읽어봅시다.

…… 대상에 빛나는 『봇케, 교테』는 불과 60장 남짓한 작품이었지만 굉장히 훌륭했고, 게다가 재미있기까지 했다. '훌륭하다'는 건 오카야마 사투리로 메이지 후기의 지방 사정을 이토록 리얼하게 묘사할 수가 있나, 하고 감탄했다는 의미다. 한편, '재미있다'는 건 뭐니 뭐니 해도 저자의 테크닉이다. (중략) 유곽의 기생과 손님이 잠자리에서 나누는 이야기라는 기묘한 커뮤니케이션 환경 속에서, 기생은 가난 때문에 일어났던 자신의 비극에 대해 이야기한다. -(아라마타 히로시)

…… 기적이 일어났다. 4천장의 작품을 능가하는 단편이 진짜로 등장한 것이다. 겨우 60장 남짓한 작품인데도 말도 못하게 무섭고 치밀하다. 첫 줄부터 압도당했다. 그야말로 정통적인 괴담이다. 이 소설의 출현이야말로 호러대상이 고대해 왔던 것이라 해도 과언이 아니다. 『봇케, 교테』라는 타이틀에서부터 보통이 아닌 자질이 느껴진다. 묘사력도 범상치 않다. 읽는 내내 등골이 오싹해지는 한기를 지울 수가 없었다. -(다카하시 가쓰히코)

『봇케, 교테』를 읽고 깜짝 놀랐다. 사이언스 호러물이 많은 요즘, 원점이라고도 할 수 있는 곳으로 돌아가 그것을 더욱 진화시키고 있기 때문이다. 나는 원래 토속적인 공포를 좋아하는데, 그런 개인적인 취향은 차치하고서라도 이 작품에 높은 점수를 주었다. -(하야시 마리코)

1999년 호러소설대상 수상작에 대해 저명한 호러소설 작가이기도 한 세 명의 심사위원들이 모두 극찬을 아끼지 않았다는 것을 알 수 있습니다. 일본호러소설대상에 '괴담소설'이라는 고풍스러운 단어를 사용한 점은 조금 놀라웠지만요. 제가 보기에는 지금껏 나온 호러소설 가운데 단편으로는 『봇케, 교테』, 장편으로는 오노 후유미의 『시귀』가 최고의 작품이 아닐까 싶습니다.

'꾸벅꾸벅 졸다 보니, 피의 연못이구나'

『봇케, 교테』는 고용기간이 끝난 스물세 살의 창녀가 불안정한 '화법'으로 꿈 이야기를 하는 것에서 시작합니다. 독자를 암흑에서 광명으로 데리고 나가는 장치라고도 할 수 있는, 갓 개통한 기관차 선로를 거꾸로 더듬어 나가면서요.

꿈 이야기는 끝내 전쟁(청일전쟁)으로 치달은 '근대의 광명'을 내던지고, 희미한 어둠 속에서 더 깊은 암흑 속으로 잔인함의 극치를 향해 나아갑니다.

작중화자는 얼굴 반쪽에 깃들어 있는 '언니'(이것이 이야기 중 단 하나뿐인 '호러'적인 장치입니다)에게, 태어나면서부터 쭉 죽음과 함께 살아온 짧은 반생을, 태어난 곳으로 돌아가는 길에 빗대어 이야기합니다.

돌아가고 싶냐고?

아니, 거기밖에 돌아갈 곳이 없기 때문이야.

아무것도 없고, 아무도 기다리지 않는, 거친 나무들로 대충 세워 놓은 작은 오두막이지. 그 집으로 돌아갈 바엔 차라리 밖에서 자는 게 나을 정도야. 피와 똥과 원한이 배어있는 구린내 나는 곳이거든.

태아를 으깨어 죽이는 노파는 사라졌지만, 갓난아기는 여전히 강가에 버려져 울고 있잖아.

그래도 나는 거기로 돌아가.

기관차가 쓰야마에 멈추지 않고, 곧장 지옥으로 달려가면 좋을 텐데.

기관차에 몸을 싣고, 즐거운 기분으로 꾸벅꾸벅 조는 거야, 그리고…… 자다가 쓰야마 역을 지나쳐서, 진짜 지옥에 다다르는 거지. 꾸벅꾸벅 졸다 보면 피의 연못이야.

지옥에 도착할 때까지 창밖에는 어떤 풍경이 펼쳐질까? 난데없이 바늘산이나 피로 된 연못 같은 게 보이지는 않겠지. 귀신도 갑자기 튀어나오지는 않을 거야. 가장 먼저 나타나는 건 망가진 인간이야.

분명 아무것도 없는 풍경이겠지.

붉은 땅, 검은 하늘, 그 한가운데를 흐르는 진흙탕 강. 날아가는 바싹 마른 새.

그건 태어나기 전에 봤던 풍경 같은데.

아아, 언니. 같이 돌아가자.

아무것도 없고, 아무도 기다리지 않는, 황폐해질 대로 황폐해진 작은 오두막. 피와 똥과 원한이 깃든 구린내 나는 곳, 그래도(아니, 그런 까닭에) 나는 그곳으로 돌아간다 — 이 얼마나 가슴 찡한 결심인지요.

저는 아쿠타가와 류노스케의 『여섯 궁의 공주』를 읽으며, 어둠속에 그저 황량한 바람만 부는 작품 마지막 풍경에 마음을 빼앗겼었는데, 이 작품의 '아무것도 없는 풍경'은 그런 풍경의 본질까지 파고들었다고 할 수 있습니다.

여기서 놓치면 안 되는 것은 그 꿈이 '아무것도 없는 풍경'에 도달할 때 즈음, 세계가 갑작스레 친근하게 다가온다는 것입니다.

'망가진 인간'이나 '붉은 땅, 검은 하늘, 그 한가운데를 흐르는 진흙탕 강. 날아가는 바싹 마른 새'가 아무것도 없는 풍경 속에 울려 퍼지기 시작합니다.

그런 세상이기에 '나'는 자신 속 '언니'에게 더 반갑게 말을 걸 수 있습니다. 여기에는 '나'를 행복하게 해주지 못하는 근대적 광명을 거부함으로써 비로소 가능해진, 작은 '목소리'와 새로운 '공감'이 있습니다.

사람들을 떠나 이름을 버리고 아무것도 없는 풍경에 녹아드는 '나'를 괴물이라고 부른다면, 세계는 이 괴물에게 사이좋게 '근대의 광명'에 함께 동참하자고 할 일도 없을 것입니다.

'근대의 광명'이 지닌 잔인함을 묵시하며 천천히 뒤로 물러서는 괴물에게, 저는 저를, 그리고 이 시대를 살아가는 우리를 투영해 봅니다. 그러자 더 이상 물리칠 수 없는 낮고 어두운 장소가 문득 검게 빛나며 떠오르는 듯한 기분이 들었습니다.

무엇과도 바꿀 수 없는 '무시무시함'

저는 『봇케, 교테』에서 영감을 얻어, 「미지의 생을 향한 피투성이 상상력 —— 1995년 이후의 호러 붐 실정」이라는 타이틀의 글을 썼습니다(『키네마 순보』, 2000년 2월 초호). 호러의 기초지식과 호러 붐의 일부를 이해할 수 있는 내용이 담겨 있어서 프린트로 배부했습니다. 돌이켜보면 2000년 전후에도 한번 호러 붐의 피크가 있었죠. 그 이전과 이후, 현재에 이르는 호러의 모습을 생각하는 데에도 참고가 될 것입니다. 그럼, 읽어보겠습니다.

공포라고 번역할 수 있는 호러horror는, 공포를 뜻하는 유의어(fear, dread, terror, panic 등)와 비교하자면, 공포 중에서도 강력한 혐오감을 수반하는 의미의 공포를 일컫는다.

그것은 스릴 있는 공포나 패닉에 빠지게 하는 공포, 유원지에서 느끼는 상쾌한 공포 같은 것과는 거리가 먼, '무시무시함'과 '불길함'이 두드러지는 공포, 만화로 치면 '으슬으슬, 오싹오싹, 으스스'와 같은 의성어로 표현되는 섬뜩한 공포를 말한다.

장르를 불문하는 최근의 호러 붐을 들여다보자면, 공포의 요소가 조금만 들어 있어도 뭐든 '호러물'이 되어 버리는 경향이 있는데, 호러라는 공포의 핵심에는 '섬뜩한 무시무시함'이 있다는 것을 짚고 넘어가는 것이 좋겠다. 그리고 우리를 가장 소름끼치게 만드는 것은, 우리의 신체적 변형, 혹은 내적 파괴, 다시 말해 신체의 파괴, 피나 내장 등의 외부

유출, 내지는 산란(의 이미지)이라는 점도.

그것을 파악하고 나서야 비로소 '질척질척한 피투성이 전율'에 마음을 빼앗기고 매료되는 '기묘한 일'이 벌어지기 때문이다. 대체 이게 어떻게 된 일인가! 세상의 상식주의자들은 예나 지금이나 이런 탄식을 내뱉고 있다.

그러나 <피의 축제>(허셀 고든 루이스, 1964), <텍사스 전기톱 살인사건>(토브 후퍼, 1974), <좀비>(조지 A. 로메로, 1978), <더 브루드 / 분노의 메타포>(데이비드 크로넨버그, 1979), <이블 데드>(샘 레이미, 1982), <CURE>(구로사와 기요시, 1997)와 같은 걸작 호러영화들은 위와 같은 '어째서?' 라는 의문을 가볍게 물리친다.

이 작품들은 우리의 감정 중에 '무시무시함'의 영역이 있다는 것을 느끼게 함과 동시에, 이것 없이는 우리의 감정 세계가 왜곡되어 오히려 더 이상한 사람이 되어버린다는 것을 깨닫게 해준다. 기쁨, 즐거움, 슬픔, 괴로움, 우스움과 마찬가지로 무시무시한 공포 또한, 우리의 감정 중 하나이며, 어떤 강렬한 감정이 생기면 다른 모든 감정들이 밀접하게 연결되어 우리를 송두리째 흔들어댄다 — 예를 들면, 핏방울을 뒤집어 쓴 호러가 완전히 다른 삶을 향한 미칠 듯한 갈구에서 올 수도 있다는 것을 알려준다. 그런 의미에서 이들 작품이 점차 종교적인 양상을 띠기 시작하는 것도 그다지 놀랄 일은 아니다.

졸작 호러영화는 '무시무시함'이라는 감정이 우연하게 마련된 특정한 장소에서만 일어나게 해서, 그 감정을 우리 밖으로 밀어낸다. 영화 속 '나'는 전반부에서 후반부로 가도 전혀 바뀌지 않을 뿐만 아니라, 한층 더 상식적이고 지루한 '나'로 갇혀 버린다. 입을 모아 호러물을 비난하는 상식주의자들은 사실, 별 의미 없는 호러영화의 열렬한 지지자다.

1995년이라는 시대의 경계선

호러가 무엇과도 바꿀 수 없는 감정이고, 그래서 훌륭한 작품에는 반드시 호러적인 요소가 숨겨져 있다 하더라도, 호러적인 것이 작품에 눈에 띄게 되는 시대, 많은 작품들이 호러적인 것을 강조하는 시대가 분명 있다. 우리가 살고 있는, 그리고 앞으로 살아가야 하는 이 시대, 1995년 이후의 시대다.

물론 현재의 호러 붐이 1980년대 중반에 시작되었다는 것을 모르는 것은 아니다. 그러나 80년대 후반의 호러는, 예를 들면 호러 코믹잡지 『할로윈』[21]이 미국 호러영화 시리즈 <할로윈>에서 온 것만 보아도 알 수 있듯이, 미국 호러영화의 영향이 짙다. 또한 이는 '괴상한 게 좋다'는 식의 포스트모던적인 분위기에 촉발된 가벼운 유행이라고도 할 수 있다. 호러는 등 뒤의 귀신이나 마술, 혹은 혈액형 성격판별이나 살짝 관심이 가는 오컬트 등의 문화와 함께 소비되었다고 할 수 있다. 우리 중 많은 사람들은 재팬 애즈 넘버원 신화 속에서 여유롭게 '피투성이 전율'을 즐기고 있었다. 그렇기 때문에 미야자키 쓰토무[22] 사건으로 인해 호러비

---

21 아사히신문 계열 아사히 소노라마에서 발행했던 호러 오컬트 소녀만화 잡지(1986. 1~1995. 12).

22 도쿄·사이타마 지역 여아유괴연쇄살인범으로 1988년부터 1989년 동안 모두 네 명의 여자 아이들을 살해했다. 유골을 태워 유가족들에게 보내거나 살해 장면을 비디오 촬영하는 등

디오가 사회적으로 맹공격 당하자, 서둘러 호러에서 멀어지는 것도 가능했다.

　1995년은 버블붕괴 이후 조금이나마 남아 있던 여유마저 송두리째 빼앗긴 해다. 한신아와지 대지진[23]은 도시와 최신기술에 대한 신뢰를 무너뜨렸고, 옴진리교 사건[24]으로 '이쪽세계'[25]의 가치가 완전히 사라져 버렸다는 사실이 드러났다. 미군병사소녀폭행사건[26]을 계기로 일어난 오키나와의 시위는 '일본'의 허구성을 보여주었고, 약물음해에이즈문제[27]는 그나마 '믿을 만했던 고급관료'의 어마어마한 거짓말을 폭로했다. 이와 같은 일련의 사건들이 95년을 '시대의 경계선'으로 만들었다.

엽기적인 행각을 펼치다 1989년 체포됐다. 그의 방안에서 5천장이 넘는 호러비디오테이프가 발견되자, 언론에서는 호러비디오가 살인에 영향을 미쳤을 것이라며 맹공격했고, 호러나 미스터리 등 살인을 소재로 한 작품에 대한 비난이 쇄도했다.

23　1995년 1월 17일 새벽, 고베 시 아와지 섬 북부에서 발생한 진도 7의 지진. 한신(오사카大阪의 한(阪)과 고베(神戸)의 신神을 딴 이름) 지역에서 아와지 섬에 이르는 효고 현 남부 일대가 큰 타격을 입었다. 한신대지진.

24　스스로 왕이 되어 일본을 지배하겠다는 망상을 품은 옴진리교 교주가, 군대와 무기(헬기, 소총, 화학병기) 등을 갖추고 테러를 단행한 사건. 1989년부터 1995년까지 교단과 대립하는 변호사 일가족을 살해하거나, 수사를 교란시키기 위해 수도권 지하철 안에서 사린을 뿌리는 등 열다섯 건에 달하는 사건을 일으키며, 모두 29명을 살해, 사상자는 6,000명을 넘었다.

25　현재 우리가 살고 있는 사회. 옴진리교 사건 당시, 신자들을 회유하던 다키모토 변호사가 "여러분, 이쪽세계로 돌아와 주십시오!" 라고 외치던 것이 화제가 되면서, '이쪽세계'가 실제 현실사회를, '저쪽세계'가 교단의 집단사회를 지칭하는 말로 쓰였다.

26　오키나와에 주둔하고 있던 미군 3명이 12살 소녀를 납치한 뒤 성폭행하고 감금한 사건(1995년). 미일협정에 의해 범인들의 신변을 일본 측에 넘겨줄 수 없다는 데 분노한 오키나와 주민들은 미군기지 철회운동을 펼쳤다.

27　1980년대에 혈우병 환자들을 대상으로 '혈액 응고 요인제'를 치료에 도입하였으나, 약물제조 당시 에이즈에 감염된 해외 혈액을 원료로 제조함으로써 수많은 환자들을 에이즈로 사망하게 만든 사건. 이 약을 허가한 후생노동성 관리는 사건의 전모를 알면서도 내용을 은폐했다.

현실 문제를 해석하고 설명하며 해결의 방향을 제시해 왔던 '상식'의 근간이 의미를 잃고, 그 결과, 현실은 '뭐가 뭔지 알 수 없는 것'들을 뭉쳐 놓은 덩어리가 되고 말았다. 가정이, 아이들이, 주부가, 집단이, 회사가, 그리고 경제가…… '알 수 없는 무언가'로 끝없이 변형(괴물화) 되면서 내적으로 파괴되기 시작되었다. 현실의 호러적 변용이라고 할 수 있겠다. 현재 이러한 변용은 해소되기는커녕, 문화적 보수주의나 내셔널리즘을 찬양하는 사회 분위기에 의해 더욱 걷잡을 수 없는 방향으로 흘러가고 있다.

1970년대 중반부터 80년대 중반에 걸쳐, 베트남 전쟁 이후 사회적 혼란에 경제 불황이 겹친 미국의 특이한 사회 상황 속에서 일어난 호러영화 붐. 그와 비슷하게 호러 붐을 수용할 수 있는 환경이 95년 이후 드러나게 되었다고 할 수 있다.

호러적인 것이 끝없이 증식해 간다

이러한 현실의 호러적 변용을 발 빠르게 그려낸 작품이 만화 『드래건 헤드』[28](기치즈키 미네타로)다. 1994년부터 연재된 이 이해할 수 없는 이야기의 무대는 '어떤 사건이 일어남'으로써 생겨난 끝없이 펼쳐진

28 『주간 영매거진』(고단샤)에서 1994~99년에 걸쳐 연재된 인기 만화. 2003년에는 이를 원작으로 동명의 영화가 제작되어 흥행에 성공했다. 수학여행 중 발생한 대지진으로 신칸센이 탈선한 데다 터널까지 꽉 막혀 버려 어둠속에 갇혀 버린 중학생들이, 절망적인 상황 속에서 살아남기 위한 사투를 벌이는 이야기.

희미한 어둠속의 폐허 공간이다. 중학생 소년소녀의 서바이벌이라고 하기에는 삶에 대한 집착이 너무도 희박한 이들의 방황은, 폐허 속에 숨어든 기괴한 사람들과의 피투성이 참극을 불러일으킬 뿐이다. 『드래건헤드』는 완결이 계속 미뤄져서 아직도 연재되고 있다.

액션 계통 게임의 호러화를 대표하는 것은 96년 <바이오해저드>다. 이 역시, 수수께끼의 바이오해저드에 의해 좀비가 된 사람들이 떠도는 길거리에서, 피투성이 활극이 벌어지는 내용이다. 게이머들의 압도적 지지를 받으며, 시리즈화 되어 현재에 이르고 있다. <더 하우스 오브 더 데드>, <사일런트 힐> 같은 호러 게임도 인기다.

1993년에 제정된 '일본호러소설대상'(가도카와서점, 후지티브이 주관)이 주목 받은 것은 95년 세나 히데아키의 바이오호러 걸작 『파라사이트 이브』[29]가 나오고부터다. 이듬해에는 기시 유스케가 한신아와지 대지진 이후 거리에서 초능력 소녀와 다중인격장애의 소녀가 만나는 장면에서 시작되는 컬트 호러 『ISORA』로 데뷔한다. 『완구수리기술자』의 고바야시 야스미, 『봇케, 교테』의 이와이 시마코, 『사국』[30] 등 훌륭한 작품을 내놓고 있던 반도 마사코 등 호러소설의 유력한 필진이 잇달아 등장하면서, 가도카와호러문고 붐을 일으켰다.

저주받은 비디오테이프 한 장이 수수께끼의 참극을 가져온 『링』[31]

---

29 태곳적부터 존재해온 이기적 유전자 '이브'가 생물에 기생하며 몇 억년 동안 살아오다가, 생물유전자의 주도권을 얻기 위해 인체에 대항하여 반란을 일으킨다. 국역본: 『미토콘드리아 이브 1 · 2』, 윤대찬 역, 한뜻, 1995.

30 고향인 시코쿠(제목인 사국死國은 지명인 시코쿠西國와 발음이 같다)로 오랜만에 돌아온 하나코는 오랜 친구인 사유리가 죽었다는 사실을 듣는데, 사유리를 포함해 원한을 가진 혼령들이 하나둘 마을로 내려온다. 국역본: 『사국』, 권남희 역, 문학동네, 2010.

(1991)을 발표한 스즈키 고지가, 다음 작품 『라센』으로 일약 베스트셀러 작가가 된 것도 95년의 일이다. 죽은 여자의 원한, 염력이라는 오컬트 호러는 DNA를 둘러싼 바이오호러로 발전해, 3부작 완결편인 『루프』(1998)에서는 컴퓨터 세계에서 펼쳐지는 사이언스 호러 이야기가 완성된다. 스스키, 세나, 반도, 기시 등의 작품이 잇달아 영화화되고 있는 것은 잘 알려진 바와 같다.

피범벅의 웃음, 피범벅의 용기를 향해

고베 중학생에 의한 연쇄살인사건과 연재시기가 겹쳤던 『인 더 미소수프』[32](1997)에서는 무라카미 류가 그때까지는 없었던 과도한 열정으로 '자신이 누구인지 알지 못하게 된' 남자의 편집증적 살인 장면을 썼고, 같은 해 세련된 하드보일드 작가 기리노 나쓰오는 『OUT』[33](1999년 텔레비전 드라마화)으로 제각기 음울한 환경에 갇힌 주부들이 욕실에서 시체를 해체하는 장면을 자세하게 그렸다. 화려한 공포가 결국 해방감으로 바뀌어가는 분위기를 통해, 호러작가들이 미지의 시대와 삶에 있어서 피투성이 상상력을 강하게 의식하기 시작했다는 점을 알 수 있다.

31 국역본: 『링』, 윤덕주 역, 씨엔씨미디어, 1998.
32 국역본: 『미소수프』, 정태원 역, 태동출판사, 2008.
33 심야의 도시락공장에서 일하는 네 명의 주부가 각각 폭력을 휘두르는 남편, 치매에 걸린 시어머니, 실어증에 걸린 아들, 주체할 수 없는 카드빚 등의 문제를 품고 있다가, 폭력에 못 견딘 한 멤버가 우발적으로 남편을 목 졸라 죽인 사건을 계기로 함께 무시무시한 공포와 위기 속으로 빠져드는 이야기. 국역본: 『아웃』, 김수현 역, 황금가지, 2007.

95년 <학교괴담>(히라야마 히데유키)부터 본격적으로 시작된 호러영화 붐은, 사이코호러영화의 걸작 <CURE>(구로사와 기요시)나 <링>(나카다 히데오), <라센>(이다 조지), 이토 준지의 호러만화를 영화화 한 <도미에>(오이카와 아타루) 등으로 번져 나갔다. 그러나 '무시무시함'을 몰아내고 '귀신'을 아무렇게나 흘끗흘끗 내비치는 안이한 경향도 엿보이고 있었다. 그런 흐름은 차치하고, 호러 붐을 이끈 95년 이후의 환경을 고찰해 보자. 우리 시대에서 삶의 근본적인 변용을 찾고자 하는 피투성이 상상력을 어떻게 움직일 것인가?

예를 들어, 매일 어딘가에서 전철로 몸을 던지는 구조조정 당한 남자의 피투성이 참극 얘기를 듣고, 붕괴된 학급에서 좀비처럼 돌아다니는 아이들의 일상을 접하고, 완벽한 보수적 정치에 의해 억압된 다양한 '다른 길'과 만나는 것 — 이러한 상상력이 강하게 요구되고 있다.

그 상상력으로, 『OUT』에 깃든 오싹한 해방감과 무시무시함을 유지시키면서도 그 해방감을 더 강하게 만드는 것. 그리고 샘 레이미 감독의 스플래터(피투성이)와 웃음이 시너지 효과를 일으켜 더한 공포를 만들어내는 걸작 <이블 데드>를 넘어서는 영상을, 우리가 살고 있는 환경 속에서 실현시키는 것이다. 그를 위해 피투성이 전율과 피투성이 웃음, 그리고 피투성이 용기를 우리 가슴에 확고히 새겨야만 할 것이다.

—— 이 글을 쓴 뒤로, 저는 호러, 혹은 '호러적인 것'을 확인하는 작업에 그전보다 더 몰두했습니다. 즉, 제가 쓴 호러론은 호러론을 정리한 게 아니라 출발점, 아니 그보다 더 전 단계인 도움닫기에 해당됩니다. 저는 헌책방에서 가도카와호러문고나 가쿠엔호러노벨즈 같은 걸 뒤지고 다니며, 과거

로 거슬러 올라가면서 다양한 호러작가의 작품을 읽었습니다.

그러자 '호러적인 것'이 단순히 호러 장르에 머무르지 않고(그래서 '호러적인 것'이겠지만), 바로 옆의 장르인 미스터리는 물론, 현대문학에도 이미 깊이 잠식해 있다는 것을 알게 되었습니다. 무라카미 류, 무라카미 하루키, 후지사와 슈, 아카사카 마리, 그리고 마치다 고, 아베 가즈시게의 작품에도 '호러적인 것'은 침투해 있었습니다.

일본에 있어서 호러 붐이 1995년 전후에 분명해지고 있다고 해도, 조금 더 거슬러 올라갈 수 있지 않을까요? 참극이 갑자기 일어나는 게 아니듯이, 붐 또한 갑자기 일어나는 것은 아니니까요. 그렇게 생각하니, 1990년 무렵이라는 시대가 떠오르기 시작했습니다. 세계사적인 의미로 '해결가능성'이 사라져가는 시대가——.

사회 속에서 사고하는 아마추어로서

1995년 시작해 1999년까지 이어졌던 '현대문학과 문화 1' 강의에서는 무라카미 류, 후지사와 슈, 아카사카 마리, 그리고 마치다 고, 아베 가즈시게, 메도루마 슌과 같은 작가들의 작품을 '돌발적 폭력'이라는 시점에서 다루었는데요, 그 시점을 유지하면서 단순히 '호러적인 것'보다 더 큰 문제를 다루어 보자는 의미에서 2001년부터 '호러론' 강의를 시작했습니다.

전에도 말했듯이 저는 호러소설 전문가도 아니고, 호러전반을 연구하는 연구자도 아닙니다. 애당초 'ㅇㅇ전문가'라거나 'ㅇㅇ연구자'라는 규정에 익숙하지 않다고 할까요.

특정 테마, 특정 대상을 계속 고찰하다 보면, '보수화'되기 쉽습니다. 꼭 내용이 보수화된다는 법은 없지만, 형식에 있어서는 '보수화'를 피하기 어렵지요. '내 전문분야 ○○'를 지키려다 보면, ○○가 얼마나 중요한지, 다른 것들보다 우월한지에 대한 생각을 과도하게 하게 됩니다. 연구 자체를 심도 있게 파고들기보다는, 다른 사람들과 자신에게 연구의 의의를 납득시키려는 데 치중하게 되는 것이죠.

'문학연구'를 한다, '비평'을 쓴다, '소세키'를 배운다, '무라카미 하루키'를 고찰한다……. 여기에는 아무 문제도 없습니다. 하면 되는 것이지요, 열심히. 하지만 그것을 시작하면서 '전문분야'의 마력에 사로잡히기 쉽습니다. 즉, '문학'은 '정치학'이나 '법학' 같은 것보다 훨씬 더 훌륭하다, 소세키는 오가이나 아쿠타가와 류노스케나 현대문학보다 훨씬 더 수준이 높다, 등등. 그런 생각들이 자신의 존재의식으로 탈바꿈하고, 그 사람이 결국 '전문직'을 갖게 된다면 더욱 그러해집니다. 저는 학생시절부터 '전문분야'로 인한 보수화를 느끼고 있었습니다. 종래의 질서를 지탱하는 보수화는 생생한 관심과 쭉쭉 뻗어 나가려는 사고를 마비시키죠. 제가 '비평'이라는 참으로 아리송하고 자유로운 장르를 활동분야로 선택한 것도 그러한 이유 때문입니다.

에드워드 W. 사이드는 애석하게도 이라크 전쟁이 시작된 2003년 세상을 떠났지만, 사회사상, 포스트식민지문화론, 권력론, 문학이론 등의 분야를 종횡무진 누빈 20세기 후반을 대표하는 사상가 가운데 한 사람입니다. 사이드는 저서 『지식인이란 무엇인가』[34](오하시 요이치 역, 헤본샤)에서 다음

---

34 국역본: 『권력과 지성인』, 전신욱 외 역, 창, 2011.

과 같이 말하고 있습니다.

> …… 지식인에게 문제가 되는 것은, 이미 지적한 바와 같이, 현대식 전문화(프로페셔너리제이션)의 폐해에 관해 논할 때, 그것을 못 본 척하거나 영향을 부인하지 않는 선에서, 전문화라는 가치관과는 다른 사상이나 의미를 표현하려면 어떻게 해야 하는가 하는 점이다. 나는 전문화와는 다른 가치관이나 의미를, '아마추어주의(아마추어리즘)'이라 부르려 한다. 아마추어리즘이란, 말 그대로 이익이나 이해관계, 혹은 협소한 전문적 관점에 얽매이는 법 없이, 사회에 대한 염려나 애착에서 비롯된 활동을 말한다. 현대의 지식인은 아마추어가 되어야 한다. 아마추어란, 사회 속에서 사고하고 우려하는 인간을 말한다. ─(「4·전문가와 아마추어」)

여기서 '지식인'이란, 고리타분한 특권 엘리트를 말하는 것이 아닙니다. 오히려 특권적 엘리트 냄새를 풍기는 전문가와 대립하는 것이며, 그런 의미에서는 '반反지식인'이라고 해도 좋겠지요. 사회 속에서 사고하고 우려하는 아마추어. '비평'을 쓰는 사람으로서 살아가고 싶습니다. 훌륭하지만 가혹한 계율이지요.

시대

1990년경부터 시작된 '해결불가능성'의 시대

문제는 계속해서 일어나는데 해결되는 것은 아무것도 없다

오늘은 호러와 시대에 관한 얘기를 해봅시다.

1990년경부터 문제는 계속해서 일어나지만, 해결되지 않을 뿐만 아니라 해결의 실마리조차 보이지 않는 — '해결불가능성'의 시대가 시작된 것은 아닐까. 그리고 이 '해결불가능성'이야말로 미스터리 붐을 넘어서는 호러 붐을 지탱하는 힘이다. 저는 이렇게 생각합니다.

여기 이상한 문서 한 장이 있습니다.

대학, 특히 와세다 대학은 길거리 한복판에 있어서, 다양한 사람들이 지나 다닙니다. 직장인 학생이 늘어서 더욱 그런 기분이 드나 봅니다. 바람도 잘 통하고 활기가 넘치죠. 대학=길거리화에는 대찬성입니다. 그런데

가끔씩 연구실에 누군가 이상한 것들을 던져 놓고 가기도 합니다. 한눈에 학생이 쓴 것임을 알아볼 수 있는 것도 있지만, 대부분은 그렇지 않죠. 이 문서도 그런 것들 중 하나였습니다.

누군가 제 연구실 옆에 있는 두 연구실로 던진 모양인데, 바쇼[35]와 사이카쿠[36] 연구로 저명한 선생님께서, "자네 연구실로 가야 할 게 내게 잘못 배달된 것 같네, 틀림없어. 괘씸하군." 하고 화를 내시며(웃음), 저에게 가지고 오셨습니다. 누군가 문틈으로 밀어 넣었다고 합니다. 몇 년 전에 있었던 일입니다. 저는 그것을 훑어보자마자, 그것이 굉장히 흥미로운 문서라는 것을 알아챘습니다.

어떤 부분이 흥미로웠을까요? 스크린에 띄워 보겠습니다. 요즘 이런 손 글씨를 보면 이제는 완전히 컴퓨터로 작성한 문서에 익숙해져 버린지라, 묘하게 리얼한 느낌이 들지요. 손 글씨가 보편적이던 시절에는 아무렇지도 않았는데, 지금은 이렇게 기분 나쁠 정도로 '인간'의 감촉을 전달해 주는 것 같습니다. 이런 손 글씨에, 이런 내용이었으니까요.

갑작스레 죄송합니다만, 여러분께 도움을 구하고 싶은 일이 있어, 편지를 쓰기로 했습니다. (로 시작하니, 공개 의지가 있다고 보고 여러분께 보여드리는 겁니다.) 1996년 3월부터 6월까지 3개월 동안 큰딸이 다니고 있던 F역 근처 영어학원에서 만난 인물이 아무래도 수상한 점이 많았던 터라, 1997년 7월 10일(목) A경찰서에 출두해 N이라는

---

35 마쓰오 바쇼(1644~1694). 에도시대 시인으로 하이쿠의 원류가 된 하이카이를 지었다.
36 이하라 사이카쿠(1642~1693). 에도시대 소설가 겸 시인.

인물을 조사해 주십사 의뢰했습니다. 언뜻 보기에는 신사 타입이었고 나이는 마흔 후반 정도 되어 보였는데, 실제 나이는 60세 정도였습니다. 도쿄대학 교육학과 사회심리학 대학원을 졸업하고, 유학 경험도 있는 경력(방위대학[37]에서도 근무하고 있다). 자기가 미야자키 쓰토무와 비디오테이프를 교환했었다는 둥 하는 얘기를 학생들에게 했습니다. 오래전 X학원 강사로도 일하고 있었는데 무슨 이유에서인지 쫓겨났고요. 마인드 컨트롤이나 최면시술, 인터넷에도 조예가 깊어요. 이런 사례들로 보자면 이 인물이야말로 고베아동연쇄살인사건[38], 옴진리교 관련사건, 여아유괴 연쇄살인사건, 도요타상사사건[39], 여학생 콘크리트 매몰 살인사건[40], 전언다이얼 살인사건[41], 인터넷 관련사건(닥터 기리코[42] 등)과

37 자위대 간부가 될 사람들을 교육하는 학교.
38 사카키바라 세이토 사건. 열네 살 소년이 나이프나 해머 등을 이용해 초등학생 두 명을 살해하고 세 명을 다치게 했다. 피해자 머리를 중학교 교문 앞에 놓아두거나, 지역신문사에 도전장을 보내는 등 엽기적 행각을 벌였다.
39 고령자들에게 현물을 보관해주겠다는 명목으로 약 2,000억 엔에 가까운 사기를 친 악덕기업. 1981년 오사카 도요타상사주식회사라는 이름으로 설립한 이래, 1985년 악덕기업으로 문제화 되어 도요타상사관련 신고전화가 설치되었다.
40 도쿄 아타치구 아야세에서 일어난 소년들의 여고생 감금, 폭행, 살인, 사체유기 사건. 맞벌이 부부인 부모님이 집을 자주 비우는 것을 이용해, 한 소년의 2층 방으로 불량소년들이 모여 들어 여고생을 41일간 성폭행하고 잔인하게 고문하여 결국 죽게 만든 후 사체를 드럼통에 넣어 콘크리트로 막아 유기했다.
41 전언다이얼이란, 남성이 핸드폰을 이용해 자동응답기에 자기소개를 남기면 여성들이 그것을 듣고 마음에 드는 남성에게 연락처를 남기는 일종의 폰팅. 20대의 무직 청년이 도쿄와 가나가와 현 일대에서 전언다이얼로 알게 된 여자들에게 수면제를 먹이고 금품을 탈취하며 두 명의 여자를 살해한 사건.
42 데즈카 오사무의 만화 『블랙 잭』에 등장하는 안락사의사 이름. 한 남자가 '안락사'라는 자살 인터넷 사이트 게시판에서 닉네임 닥터 기리코에게 청산가리를 구입, 여자에게 배송하여 그 여자도 죽게 하고 자신도 뒤따라 자살했던 사건이다.

같은 수많은 흉악한 사건을 배후에서 조종한 진짜 범인임에 틀림없다는 확신이 듭니다. 하루빨리 모든 진상이 밝혀지길 바랍니다. -(역 이름, 경찰서 이름 등은 이니셜 처리한다. 역은 수도권 내 사철이다. - 저자)

그 뒤에 주소와 이름(여성이었는데, 결혼 전의 성도 쓰여 있다)과 전화번호가 있습니다. 그러고는 —— '나중에 1999년 8월 1일(일)에 F역 앞 파출소에서 근무하던 경관이 집으로 와서, 지금 이 인물을 조사 중이라고 알려주었습니다.'라고 큰 글씨로 덧붙여 썼습니다. 그로부터 몇 년이 지난 뒤에 이 문서가 제게 온 것입니다. 여러분은 이 문서를 읽고 무엇을 느끼셨습니까?

사건은 모두 연결되어 있다

이 정도로 굳게 믿고 있는 사람 때문에 경찰조사를 받게 된다면 난처해질 것 같습니다. 실제로 경찰이 움직였다는 것도 이상하죠. 이 여성이 본다면 훨씬 더 수상하게 여길 사람을 저는 많이 알고 있으니까요. 시간차도 너무 많이 나고 '출두'라는 말도 수상합니다. 어째서 이 인물에 대해 이렇게까지 잘 알고 있는지도 의문입니다. 애초에 대학 연구실 문틈으로 '갑자기 죄송합니다만 꼭 여러분의 협조를 얻고 싶다'는 문서를 집어넣었다는 행동자체가 수수께끼입니다.

하지만 제가 흥미롭게 여긴 것은 이 수수께끼는 이 여성이 몇 가지 사건, 더구나 대부분 피가 낭자했던 잔인무도한 사건을 나열하고 있는 점과 관련이 있습니다.

미국 모던 호러의 실제 모델이 된 것은 1957년 위스콘신 주에서 발각된 '에드 게인 사건'입니다. 살인은 말할 것도 없고, 피부 벗기기와 시체 공작, 인육 먹기 등 괴이한 행위가 연이어 밝혀졌지요. 더군다나 그 사건을 일으킨 사람이 어디에라도 있을 법한 보통 키, 보통 몸집의 초라한 남자(에드워드 게인)였다는 점 때문에 미국 전역이 공포에 떨었지요. 그리고 나중에 그의 이야기가 모던 호러의 모델이 되었습니다. 히치콕 감독의 <사이코>(1960)나 토브 후퍼 감독의 <텍사스 전기톱 살인사건>(1974), 토머스 해리스의 『양들의 침묵』[43](1988) 등이 유명합니다. 즉, 사이코 계열과 스플래터 계열, 이 둘의 모델이 되었어요. 이 얘기는 해럴드 색터의 『오리지널 사이코』(야나시타 기치로 역, 하야카와문고)에 자세히 나와 있습니다. 그 책에는 깨끗한 상태로 유지되고 있던 어머니 방의 사진과 시체공작공방이 된 부엌 사진이 실려 있습니다. 그야말로 사이코 계열과 스플래터 계열의 풍경 그 자체죠.

이 쪽지를 쓴 여성이 예로 든 피가 낭자했던 사건 대부분은 지난 강의에서 얘기한 것처럼 일본 호러의 모델이 된 사건입니다. 말하자면 일본판 '에드 게인 사건'인 셈이지요.

도요타상사 사건(1985년)

여고생 콘크리트 매몰 살인사건(1989년)

여아유괴 연쇄살인사건(1989년)

옴진리교 관련사건(1995년)

---

43 국역본: 『양들의 침묵』, 이윤기 역, 창해, 2006.

고베아동연쇄살인사건 = 사카키바라 세이토 사건(1997년)

인터넷 관련사건 = 닥터 기리코 사건 등(1998년)

전화다이얼 살인사건(1999년)

이렇게 사건을 늘어놓고 보니, 여성의 '출두' 타이밍(1997년 7월 10일)은 '고베아동연쇄살인사건'으로 중학생이 체포된 날(1997년 6월 28일)과 열흘밖에 차이가 나지 않습니다. 아마도 여성은 이 사건의 충격으로 딸아이들을 가르치던 사람이 한층 더 의심스럽게 여겨져 안절부절 못했던 것인지도 모릅니다. 마지막 두 사건은 여성이 경찰에 상담을 하러 갔을 때에는 아직 일어나지 않았던 사건이지요. 게다가 이 문서를 교실에 집어넣은 것도 수년 전의 일이고요.

여성은 시간이 흐르면 흐를수록 이 사건들이 단독범행이 아니라, 연쇄적인 범행이라고 생각하게 된 것이겠지요. 이 사건들은 모두 이어져 있다, 라고 말입니다.

아무리 봐도 '모르겠다'는 느낌이 '해결불가능성' 시대를 상징한다

모두 이어져 있다니? 그럴 수는 없지요. 시간도 동떨어져 있고, 각각의 사건 자체에 공통성도 없고. 오히려 전혀 상관없다고 하는 편이 옳습니다. 악덕 사장에서부터 젊은 여직원까지 희생자도 다양하고, 자칭 우익에서 무직 청년까지 범인도 다 다르지요. 하지만 이 모든 사건이 '이어져 있다'는 생각은 저도 어쩐지 무시할 수가 없었습니다. 그렇다고는 해도 구체적으로 무엇이 어떻게 연결되어 있느냐고 묻는다면, 글쎄요. 아마도 이런 식의 곤혹스러움이 여성으로 하여금 별반 이상하지도 않은 인물을 '배후'의 인물로 상상하게 한 것은 아닐까요. 배후에 조종하는 사람이 있다고 하면, 이해하기 쉬워지니까요.

1990년대 초 어느 잡지에서 제게 미야자키 쓰토무 사건을 비롯한 최근의 사건들에 대해 어떻게 생각하느냐고 물어 왔을 때, 저는 이렇게 대답했습니다. 지금까지는 범인의 체포로 사건이 해결되고 마무리되었는데, 미야자키 쓰토무 사건 이후 오히려 범인체포 후에 사건이 시작되어 끝도 해결도 보이지 않게 되었다, 고 말이죠. 그건 아마도 우리 사회에서 '해결가능성'이 줄어들고 있기 때문은 아닐까요? '해결가능성'이 줄어든 사태가 일상에서 명확해진 것은 아닙니다. 그렇기 때문에 분명하게 드러난 몇 가지 사건들이 '해결불가능'이라는 인상을 준 것은 아닐까, 라고도 썼습니다.

이런 오래전 감상을 아직도 기억하는 이유는 '해결불가능성'이라는 인상이 지금까지 쭉 계속되고 있기 때문입니다.

그것은 날이 갈수록 더욱 더 강해지고 있습니다.

미야자키 쓰토무 사건은 그 엽기성 때문에 더욱 두드러진 사건이었습니다. 지금 생각해보면, 사카키바라 사건보다도 훨씬 더 독특한 사건이라고 할 수 있지요. '엽기성'이란, 종래의 견해나 생각으로는 이해할 수 없을 정도로 잔인한 성질을 일컫는 것인데, 이에 대해 사람들은 아무리 봐도 '모르겠다'는 감정을 느끼게 됩니다.

'모른다'는 것은 처음부터 '해결'을 거부합니다. 사람들은 '엽기'에 대해 이유도, 의미도, 그리고 '해결'마저도 요구하지 않습니다. 미야자키 쓰토무 사건은 너무도 독특해서, 그 사건에 대해서는 오랜 기간에 걸쳐 놀라울 정도로 많은 글들이 나왔습니다. 결국 '모르겠다'라는 결론 외에는 어떠한 설명도 없이 현재에 이르고 있습니다. 오랜 지인이기도 한 논픽션 작가 요시오카 시노부도 『M / 세계의 우울한 끝』(분게슌주)에서 긴 취재활동을 되돌아보면서, '텅 빈', 다시 말해 '이해할 수 없는 인간의 등장'이라는 말을 쓰고 있습니다. 미야자키 쓰토무 사건은 아무리 봐도 전혀 '모르겠다'는 느낌을 주는 까닭에, '해결불가능성'의 시대를 상징한다고 볼 수 있을 것입니다.

쪽지를 보낸 여성이 미야자키 쓰토무 사건보다 먼저 일어난 몇 가지 사건과 그 뒤의 사건을 한 사람으로 연결한 것은 분명 '해결불가능성의 시대'와 관련이 있습니다. 다시 말하면, 그 여성은 사건의 '연결고리'로 이해하기 쉬운 '배후의 인물'을 둔 것이고, 저는 '해결불가능성'의 시대를 둔 것입니다.

다만, 그 여성이 예로 든 사건에는 '연결'과 더불어 간과할 수 없는 것이 하나 더 있습니다. 이들 대부분이 피가 낭자한 사건이라는 점입니다.

'해결불가능성'이 이런 피가 낭자한 사건으로 나타난다는 것을 생각할 때, 이 시대와 호러의 관계가 제대로 보이게 됩니다. 즉, 해결불가능성의 시대는 그 끝에서, 혹은 내부 깊숙한 곳에서 피투성이가 되어 무너지고 있다……. 이것이 바로 제가 그 여성의 기묘한 문서를 흥미롭게 여긴 까닭입니다.

'해결가능성'의 세계사적 퇴장

이제 세계사적인 '해결가능성'의 퇴장이라는 큰 문제로 들어가 보겠습니다. 여러분은 '현대'라는 말을 자주 쓰지요. 현대사상, 현대건축, 현대인 같이. '지금'을 가리키는 말로 무의식적으로 사용하고 있는데, 누군가 '현대'보다 더 앞선 시대는 뭐라고 부르냐고 묻는다면 난처해집니다. 예를 들면, 일본문학사에 나오는 구분으로 생각해보면, '현대' 전은 '근대', 그전은 '근세'입니다. 이건 일본사의 구분에 의한 것이죠. 암기하지 않으면 안 되는 강제적 지식 덩어리인 중학교 고등학교 일본사 교과서를 떠올리면 됩니다.

하지만 '현대'에 앞선 시대가 '근대'라고 한다면, 그 전환기가 되는 시점은 언제일까요? 이 질문에는 당황하는 사람이 많을 것입니다. 지식이 없어서라기보다는, 그 전환기를 결정하는 근거가 불분명하기 때문입니다. 20년 전쯤에는 지식이 있는 사람이라면 확실히 답할 수 있는 문제였지만, 지금은 이 질문에 답하기가 어려워졌습니다.

예전에는 '근대'에서 '현대'로 전환하는 시점이 분명했지요. 바로 1917년. 러시아 혁명이 일어난 해입니다. 이 때 처음으로 사회주의 체제국가가 세계사에 등장합니다. 실현이 불가능하다고 생각했던 사회주의 체제가 실제로 탄생하자, 제국주의 단계에 있던 자본주의 체제의 나라들이 당황했지요. 세계 최초의 사회주의 체제가 다른 지역으로 퍼져 나가는 것을 막고, 잘만 되면 부수어 버리자는 생각으로 시베리아에 군대를 보냈습니다. 일본에서는 '시베리아 출병'이라고 부르는데, 실제로는 시베리아 침략전쟁입니다.

사회주의 체제의 탄생은 당연히 자본주의 체제하의 모순들로 괴로워하던 이들의 환영을 받았습니다. 1917년부터 시작된 새로운 세계상, 그것은 자본주의 체제에서 사회주의 체제로 가는 과도기의 시작이었죠. 그러니 가까운 미래에 세계가 사회주의 체제로 바뀌는 건 아닐까 하는 불안이 싹텄을 것입니다.

이런 세계상은 각국, 각 지역의 사회주의 혁명운동을 활발하게 함과 동시에, 그것을 막아내려는 체제의 가차 없는 탄압을 유발시켰습니다.

제2차 세계대전 이후 사회주의(공산주의) 체제의 연이은 탄생과 더불어, 과도기적 세계상이 슬슬 선명하게 드러나기 시작했지요. 소련이 이미 사회주의라는 이름에 걸맞지 않는 현대의 전제국가로 전락했더라도, 그곳에는 새로운 사회주의 운동, 혹은 반자본주의 운동이 태동했습니다. 구좌익에서 신좌익으로의 전환이지요. 전후의 냉전시대를 지나서도 과도기적 세계상은 어찌되었든 건재했습니다.

그러나 동구에서 민주화 운동이 활발해지고 체제가 동요하면서, 1989년 11월 냉전시대의 상징으로 군림해 왔던 베를린 장벽이 붕괴되었습니다. 그리고 약 2년 후인 1991년 12월, 소비에트 연맹이 붕괴. 냉전은 '자본주의의 승리'로 끝났습니다. '현존 사회주의'(『현존 사회주의 · 리바리어던의 본모습』, 게쇼소보, 1999)의 대붕괴입니다. 이 어휘를 사용한 정치사가인 시오카와 노부아키에 의하면 '현존 사회주의'란, '자본주의 체제를 부정하고 그에 대립하는 체제를 만들려 했던 시도로 생겨난 체제'라고 합니다.

근대가 시작된 이후 자본주의가 가진 문제를 풀어갈 '해결가능성'의 중심에 있었던 사회주의가 무너진 것입니다.

버블경제의 맹위, 그 후의 폐허에서

자본주의가 만들어낸 문제점들에 주목하고 있던 사람들이, '현존 사회주의'에 대해 불신과 반발을 품고 있었다고는 해도, 그 붕괴가 이렇게까지 완벽한 '자본주의의 승리'로 이어지리라고는 생각하지 못했습니다. '현존 사회주의'의 붕괴로 인해 '해결가능성'이 소멸한 이상으로, '자본주의의 승리'로 인해 반자본주의적 해결이 불가능해진 것입니다. 결국, 이중적인 의미에서 자본주의 사회에서 일어나는 문제의 '해결불가능성'이 고개를 든 것입니다.

마침 이 시기에 일본에서는 1985년 말부터 시작된 버블 경제가 피크를 맞이하고 있었습니다. 간혹 1억총버블상태[44]라는 지적이 있지만, 물론 그런 일은 없었습니다. 주가나 땅값의 폭등은 가진 자와 가지지 못한 자 사이의 '격차'를 점점 넓혔지요. '돈만 있으면 뭐든지 된다'는 금전지상주의가 전보다 더 팽배해지면서 다른 가치들을 순식간에 넘어뜨렸습니다.

버블의 광풍은 자본주의 제도의 문제점을 백일하에 드러내어 보였지만, 여기에 '현존 사회주의'의 대붕괴가 겹쳐졌어요. 문제는 계속해서 일어나는데, '해결가능성'의 근본은 붕괴합니다. 1992년에는 버블의 붕괴도 분명해졌지만, 버블의 붕괴는 버블로 인해 일그러진 사회에서 가진 자가 아닌 가지지 못한 자를 공격했습니다. 큰 불황이 다가올 것을 예고하듯 노동자들을 정리해고하기 시작했습니다.

그래서 오늘날 일본사회는 삼중의 의미로 '해결불가능성', 아니 많은 사람들에게 있어서는 사중의 의미로 '해결불가능성'에 둘러싸이게 된 것입

---

44 1억에 달하는 일본 인구의 대부분이 버블상태에 빠짐.

니다. 시대가 움직이기 시작했다는 느낌이 있기는 했지만, 그것은 '해결불
가능성'이 늘어나는 방향인 동시에 그 너머에는 어마어마한 폐색감이…….

'현존 사회주의'의 붕괴에 의해 대립세력을 잃어버린(후려쳐 넘어뜨린)
자본주의는, '야만적인 자본주의'라고도 불립니다. 냉전에 소모하던 힘을
경제에 쏟아 부은 미국발 세계화로 인해 '야만적인 자본주의'가 세계에
퍼지게 됩니다.

게다가 '야만적 자본주의'는 전면에 전쟁을 내세워 갑니다. 1991년 걸프
전쟁은 2001년에 그 모습을 확연히 드러낸 '새로운 전쟁'의 시작이었습니
다.

여기서 우리 사회에 대한 상당한 문제의식을 던져주는 슬로베니아 사상
가 슬라보예 지젝의 견해를 들어보겠습니다.

> 우리는 '포스트모더니즘'이 가속화된 근대화에 타협하려는 노력이었
> 다는 점을 점차 깨닫기 시작했다. 경제적이고 문화적인 '세계화'부터
> 훨씬 더 구석진 영역까지, 생활의 모든 영역에서 일어나는 시끄럽고도
> 번거로운 일들은, 우리가 근대화의 진정한 쇼크에 능숙하게 대처하기
> 위해서는 어떻게 해야 하는가, 하는 문제가 여전히 남아 있다는 것을
> 보여주고 있는 것은 아닐까? -(『요괴는 아직도 배회하고 있다』, 나가하라 유타카
> 역, 조쿄출판)

모던(근대) 사회에서 포스트모던(근대 이후) 사회로의 변화, 예를 들어
'단일 품종에서 다품종으로', '대중에서 분중分衆으로' 같은 말들이 1980년
대에 활발히 거론되었는데, 그것은 세계화 시대 속 '근대'로의 이행을 의미

했습니다. '포스트' 따위는 없었다는 견해는 참 흥미롭지요.

자, 여기서 조금 전 질문했던, '현대'와 '근대'의 구분으로 돌아갑시다.

'근대'에서 '현대'로의 이행이 자본주의체제에서 사회주의체제로의 과도기의 시작, 다시 말해 1917년 러시아 혁명이라고 한다면, 74년 이후 소련의 붕괴, 그리고 그 무렵 눈보라처럼 일어난 '현존 사회주의'의 대붕괴는 '과도기' 자체의 소멸이라고도 생각할 수 있겠지요.

그렇다면, 어떻습니까? '현대'와 '근대'를 구분할 근거가 사라졌어요. 지금까지 써왔던 '근대'와 '현대'는 이미 쓸모가 없습니다. '근대'의 문제는 이미 '현대'에서 해결할 수 없고, 해결은커녕 문제만 더 심각하게 만드는 '야만적 자본주의'에 의해, '근대'가 다시 노골적으로 회귀하고 있는 것입니다.

1990년대 초에 '근대란, 근대를 부정하는 근대 이후를 지나, 다시금 근대로 돌아가는 시대일지도 모른다'는 농담이 있었는데요, 그 후의 세상이 어떻게 됐는지를 생각하면 그 말이 단순한 농담이 아니었다는 것을 알 수 있습니다.

제가 몸담고 있는 분야에서 본다면, 일본문학사와 일본사, 혹은 세계사에서도, 근대문학과 현대문학, 근대사와 현대사, 이 구분에 큰 혼란이 일어나고 있습니다. 그럼에도 불구하고 제가 아는 한 이 문제가 크게 다뤄진 적은 없어요. 많은 연구자들이 이 혼란을 보고도 못 본 척하고 있습니다. 아니, 어쩌면 눈치도 채지 못하고 있을지도 모르겠습니다.

그런 것보다도 '현존 사회주의'의 붕괴, '야만적 자본주의'의 등장과 횡행이 우리들에게 무언가를 가져다주었고, 또 무언가를 가져다주려고 하고 있는지 잘 모를 것입니다. 1990년 초에는 그걸 파악하는 게 아주 어려운 일이었다고 해도, 그 후로 이미 15년 이상 지난 지금, 여전히 모르겠다고 하는 것은 태만이라고밖에 할 수 없겠지요.

'호러소설' 원년이 왔다

1990년대 초, 아무도 확실히 인식하고 있지 못했던 '해결불가능성'의 시대에, 사람의 어두운 마음 속 깊은 곳을 찌르는 잔인함과 공포를 한가득 담은 소설이 나타나기 시작했습니다. 그것이 '호러'였지요. 당시 신문기사 (도쿄신문, 1994년 8월 26일 석간)를 보면 그 내용이 이런 식으로 다루어져 있었습니다. 전문을 프린트해 두었으니 읽어 보세요. 호러 붐이 지나간 뒤인 현재로서는 상상하기 힘든 내용도 있는데, 그런 점도 재밌습니다. — 이하, 인용입니다.

'국산 호러소설' 시장이 뜨겁다. 호러소설은 지금까지 스티븐 킹 같은 작가의 번역물이 많았지만, 최근에는 일본에서도 몇몇 주목할 만한 작가들이 등장했다. 출판사 측은 새로운 장르인 '호러'를 팔기 위해 열심이지만, 아직 작가 층은 얇아서 국산 호러라는 말이 작품보다 앞서고 있다는 느낌도 있다.

'괴기소설, 호러소설은 옛날 같으면 '저속한 소설'의 대명사였다'고 하는 평론가 오노우에 고지 씨. 그러던 것이 올해 들어, 아쿠타가와 상을 수상한 오쿠이즈미 히카루 씨의 『돌의 내력』[45] 띠지에 '새로운 공포소설의 출현', 미시마 상을 받은 쇼노 요리코의 『이백회기』 광고에

‘포복절도 순문학 호러’라는 카피가 나돌고 있으니 시대가 변했다. 호러는 문예의 한 장르로 시민권을 얻었다고 할 수 있다.

호러 번역물은 우리나라에서도 그 독자가 20만 명에 이른다는 『IT』[46] 등의 스티븐 킹을 필두로, 『팬텀』[47] 등의 딘 R. 쿤츠, 『스완송』[48] 등의 로버트 R. 매캐먼, 이렇게 ‘세 대가’가 유명하다. 그러나 작년 무렵부터 국내에도 전도유망한 젊은 작가가 등장하기 시작했다.

먼저, 일본의 토속신앙을 소재로 한 호러로 작년부터 주목을 받기 시작해, 『이누가미』로 야마모토 상 후보, 『뱀거울』로 나오키 상 후보가 된 반도 마사코 씨. 원래 주니어 계열 판타지 쪽에서 활약했으나, 일반인을 대상으로 쓴 첫 소설 『도케이간』으로 본격추리를 탐미적 호러와 믹스하여 선보인 오노 후유미 씨. 지방 고교생의 일상과 비일상 사이를 그린 『구형의 계절』[49]로 ‘일본의 스티븐 킹’이라는 찬사를 듣고 있는 온다 리쿠 씨.

‘반도 씨는 이미지의 조형력, 오노 씨는 플롯의 정교함, 온다 씨는 캐릭터의 매력이 빛난다’고 평론가 기타우에 지로 씨는 평가한다. 이 세 명에 『이비스』, 『성역』으로 호러문학이라 할 만한 경지를 연 시노다

---

45 태평양 전쟁에 참전했던 주인공이 레테 섬 동굴 속에서 겪었던 참상이, 돌이 많은 시치부 지역에서 돌을 모으고 있는 현재에도 다시금 떠오른다. 돌 속에 우주의 전 과정이 새겨져 있는 것처럼, 전쟁 중 트라우마가 가슴 속에 아로새겨져 그와 가족들을 불행으로 몰고 간다. 국역본: 『돌의 내력』, 박태규 역, 문학동네, 2007.

46 국역본: 『그것 상·중·하』, 정진영 역, 황금가지, 2004.

47 국역본: 『팬텀 1·2』, 정태원 역, 한나라, 1983.

48 국역본 :『스완송 1·2』, 서계인 역, 검은숲, 2011.

49 국역본: 『구형의 계절』, 임경화 역, 랜덤하우스코리아, 2007.

세쓰코 씨를 더해도 될 것이다.

더욱이 작년 4월에 창간되어 이미 60편을 넘은 가도카와 서점의 '가도카와호러문고'의 성공도 크다. 올해는 가쿠엔에서 '가쿠엔호러노벨즈'도 창간되어, 기존에는 '손익분기가 맞지 않는다'고 여겨졌던 이 분야도 제철을 맞은 것이 분명해 보인다.

그러나 지금의 붐은 출판사의 의도가 앞서는 추세라 '잘 팔리니 일단 호러를 내자'는 경향도 많은 듯하다. 일본 최초의 '모던 호러 작가' 반도 씨는 '호러를 의식하고 쓴 것은 두 번째 작품인 『이누가미』까지고, 『뱀거울』은 오히려 그런 요소를 가능한 한 없애려고 했다. 호러는 좋아하지만 같은 느낌을 살리라고 하면 지겹다'고 복잡한 심경을 드러냈다. 현재 호러라고 하면, 기존의 '괴기환상소설'이 아닌 '모던호러'를 가리키는 경우가 많다. 그러나 모던호러의 정의는 본고장인 미국에서도 확립되어 있지 않다. 의외로 그 정의는 애매하다.

기타우에 씨의 말에 따르면, 미국에서 처음 모던호러라는 어휘가 등장한 것은 60년대다. 텔레비전 프로그램 '미스터리 존' 등을 기본 체험으로 가진 작가들이 영상적인 감성을 대담하게 도입해 쓰기 시작했다고 한다. 그러나 이 언어가 일반적으로 쓰이게 된 것은 킹이 등장하고 나서부터다. 일본의 '호러작가'들도 공통적으로 킹 등의 작가로부터 큰 영향을 받았다. 시노다 씨는 '괴이한 현상 그 자체를 그려내는 것은 고전호러고, 괴이한 것에 맞서는 인간을 그리는 것이 모던호러'라고 해석한다. 그러나 기타우에 씨는 '모던호러란 장르가 아닌, 말하자면 장르융합, 여러 가지를 뒤섞은 엔터테인먼트를 가리키는 '운동'이다. 그러므로 무서운가, 무섭지 않은가는 모던호러의 기준이 아니다'라고 딱 잘라 말한다.

모던호러가 새로운 소설의 문을 열었다면 환영할 만한 일이나, 시류에 뒤떨어지지 않으려는 현 출판계에서 스케일 큰 신인이 나타날 수 있을 것인가에 대해서는 아직 불안한 감이 있다. '우리나라의 호러는 기원전 1년. 원년은 아직 오지 않았다'고 말하는 기타우에 씨. 과연 '일본의 스티븐 킹'은 등장할 것인가? -(이시다 간타이 기자)

이 시기 호러소설에 대한 화제로 가득한 기사지요.

이시다 기자가 14년 전에 그의 바람을 담아서 쓴 '일본의 킹은 등장할 것인가?' 라는 물음에 답하는 것은 그렇게 어렵지 않습니다. 답은 노, 입니다. 하지만 호러소설 전체를 살펴본다면, 킹이 있는 미국보다도 더 뛰어난 수많은 작가들의 과감한 시도로 이미 두꺼운 층을 형성하고 있습니다. 호러소설이 활황을 맞았다는 게 과연 다행인가 불행인가, 하는 것은 다른 문제지만요…….

'호러소설'이라는 용어는 유통되지 않고 있었다

현재 우리는 '호러소설'이라는 말을 쓰고 있지만, 사실 1990년대 초에는 그렇게 익숙한 단어가 아니었습니다.

예를 들어, 이시다 기자가 말한 오쿠이즈미 히카루의 『돌의 내력』(분게 순주)은 지금의 사이타마 현 시치부와 태평양 전쟁 중인 레테 섬을 번갈아 보여주면서, 둘 사이의 참상을 교차시켜, 전쟁의 폭력과 전후의 폭력이 이어져 있다는 것을 확인하게 하는 작품입니다. 시치부에서 일어난 참상의 배경에는 명백히 미야자키 쓰토무 사건이 숨겨져 있는 것으로 보입니다. 이 책의 띠지에는 분명 '새로운 공포소설의 출현! 작은 녹색 돌이 남자의 비극적 생을 구원할 것인가?' 라고 쓰여 있습니다. 이 작품은 1993년 말에 발표되었는데, 1993년 하반기에 아쿠타가와 상을 수상했습니다. 1993년에는 가도카와호러문고가 창간되었고, 동시에 일본호러소설대상이 창설됩니다. 하지만 아직 '호러소설'이라는 언어가 일반적으로 통용되지는 않고 있었습니다. 그래서 '공포소설'이라고 한 것이겠지요.

이름이 정착되지 않은 것은 그 대상이 아직 명확하게 만들어지지 않았기 때문입니다. 이즈음 호러소설은 아직까지 확고한 연합을 보여주지 않았던 것이라 봅니다.

하지만 1993년이 '호러소설 원년'이라고 보는 설도 있습니다.

2002년 가을에 출간된 히가시 마사오의 『호러소설 시평』(후타바샤)이 그 예입니다. 히가시 마사오는 1990년대의 호러 붐을 '호러 재패네스크'라고 이름 붙이며 많은 출판사에서 호러를 기획하고 붐을 일으킨 호러평론가로 호러 관련서적의 편찬자입니다. 독자적인 호러 특집도 지속적으로 만들어 온 잡지 『환상문학』의 편집장이기도 하죠. 어린 시절부터 호러에 매력을 느껴 왔다는 그의 강점은, '초자연적 공포'를 핵심으로 하는 러브크래프트[50]에게서 물려받은 '호러 원리주의'와 동서고금의 공포이야기에 정통하

---

50 하워드 필립스 러브크래프트(1890~1937). 에드거 앨런 포와 함께 미국 공포소설의 선구자로 알려져 있다. 스스로 아웃사이더를 자청하며 독특하고 기괴한 작품들을 남겼으며, 생전에는 인정받지 못했으나 후대에 재평가되어 스티븐 킹 등 많은 작가에게 큰 영향을 미쳤다. 그의 「크툴루 신화」는 영화, 만화, 음악, 게임 등의 모티브로 문화 전반에 걸쳐 재생산되고 있다. 국역본: 『러브크래프트전집 1·2·3』, 정진영 역, 황금가지, 2009.

다는 것입니다. '월간 히가시'라고 불릴 정도로 많은 저작물을 만들고 있습니다. 호러에 대해 논할 때 그의 저작에 큰 도움을 받았습니다. 게다가 제가 코디네이트한 '만화사'(문학부 강의과목) 수업에서, '호러만화' 부문을 담당해 주었지요. 물론 강의는 큰 인기를 끌었습니다.

히가시 마사오가 잡지 『SF매거진』에 「호러시평」을 연재하기 시작한 것은 1990년 2월, 아직 끝 모를 버블의 광풍이 휘몰아치고 있을 무렵입니다. 호러소설만을 대상으로 한 시평을 맡게 된 히가시는 불안했지요. 미야자키 쓰토무가 호러비디오를 수집하고 있었다는 사실 때문에 호러에 따가운 시선이 쏟아지던 시절이었습니다. 과연 매달 리뷰를 쓸 수 있을 만큼의 신간이 나올 것인가. 그런 불안이 3년째 계속되던 1993년, 버블 경제의 붕괴와 붕괴 후 드러나기 시작한 삶의 폐허를 누구나 경험하고 있었던 이 해 말, 히가시는 이렇게 말했습니다. '1993년은 일본 호러사상 분명 오래 기억될 해가 될 것이다. 매년 이 칼럼에서 국내 장편호러의 실적이 저조하다고 한탄해 왔는데, 올해는 어느 작품을 선택해야 할지 고민해야 할 만큼 이 장르가 활황을 띠기에 이르렀다.' 1993, 94년과 '호러소설'이라는 말이 함께 떠오르고 있었음을 알 수 있습니다.

'해결불가능성'과 '해결가능성'이 교차했던 1993년

이 시기에 '현존 사회주의'의 붕괴와 버블붕괴가 겹쳐서, '해결불가능성'의 시대가 그 모습을 드러내기 시작한 것은 앞에서도 말씀드렸지만, 다른 한편에서는 '해결가능성'도 들끓고 있었습니다.

정치 분야에서는 그때까지 사회주의 실현을 기대하고 있던 사람들이 오히려 적극적으로 '사회주의' 환상에서 벗어나자고 외치며, 현 체제를 인정하며 그것을 수정하려는 '현실노선'을 선택했습니다. 그 노선에서 성립된 것이 총선거에서 패배한 자민당 정권을 대신해 등장한 아미카와 연립내각(1993~94)과 자민당과 사회당과 신당의 지지로 사회당위원장 무라야마 도미이치가 수상이 된 무라야마 연립내각(1994~96)입니다. 구좌익은 물론, 신좌익 중에서도 '현실노선'을 지지하는 사람이 많았습니다. '조금이라도 바꿀 수 있다면, 체제 내부로 들어가서 바꿔버리자. 그게 가능한 때가 왔다'는 식으로 '해결가능성'을 추구하게 된 것입니다.

저는 그 당시에 이 '현실노선'에 대한 기대가 전혀 없었어요. 그것은 오히려 '현존 사회주의'를 대신할 새로운 반자본주의를 모색하는 것을 그만두고, 작은 변화를 추구하는 것일 뿐이라고 생각하고 있었습니다. 즉, '해결불가능성'의 일종이라고 보고 있었던 것입니다. 저는 화려한 '현실노선'을 보면서 도리어 더 극심한 폐색감을 느꼈습니다. '해결불가능성'의 시대에 푹 빠져들어 버렸다는 폐색감이었습니다.

바로 이즈음 호러소설이 잔인함과 공포를 칭송하며 등장하기 시작했습니다. 안타깝게도 저는 그때, 미처 호러소설의 등장에 주목하지 못하고 있었습니다. 하지만 호러소설에 그려지는 문제들, 즉 '해결불가능성' 시대의 다양한 '붕괴'와 '내적 파괴'는 느끼고 있었습니다.

1993년 7월에는 쓰루미 와타루의 『완전자살매뉴얼』(오타출판)이 출판됩니다. 이 책 후기에는 이런 말이 있습니다.

'씩씩하게 살아가자' 같은 말을 아무렇지도 않게 떠드는 세상은 꼭 막혀 있어서 답답하다. 숨 쉬기도 힘들고 살기도 힘들다. 그래서 이런 책을 유통시켜서 '혹여 무슨 일이 생기더라도 죽으면 그만'이라는 선택지를 만듦으로써, 꽉 막힌 세상에 통풍구를 열어 환기를 시키고. 조금은 살기 쉽게 만들자는 것이 이 책의 진짜 목적이다.

이 책이 나오고 나서 약 한 달 후에 정치적 '해결가능성'을 짊어진 아미카와 연립내각이 성립합니다. 하지만 『완전자살매뉴얼』은 연말에 22쇄를 찍었을 정도로 팔려나갔어요(제가 가지고 있는 책이 22쇄). 이 책의 독자에게 '해결가능성' 같은 것은 '죽음'에 대한 상상 말고는, 어디에도 없었던 것입니다.

폐색

'붕괴'는 미국에서 일본으로, 그리고……

미스터리에서 호러로 주역이 바뀌다

지난 강의에서는 다음과 같은 얘기를 했습니다. 1990년대 초 이중, 삼중의 '해결불가능성'이 우리 사회를 에워싸면서, 사회는 가장 민감한 부분에서부터 무너지기 시작했습니다. 시대와 사회가 모두 움직이는 것처럼 보였지만, 우리는 사실 엄청난 폐색감에 휩싸여 있었습니다. 그때 '호러소설원년元年'이 찾아왔습니다.

이번 강의에서는 그 폐색감, 폐색상황과 호러의 관계에 대한 얘기를 해보지요.

'호러소설원년'을 만들어 '호러소설'이라는 말을 유통시킨 곳은, 두말할 것도 없이 가도카와서점입니다. 이 시기에 가도카와호러문고를 창간하고 일본호러소설대상을 창설한 가도카와는 무서울 정도로 예민한 후각을 가지고 있었다고 말하지 않을 수 없겠지요.

가도카와의 시도는, 1980년대 후반에 붐을 일으킨 '신본격' 미스터리가 이미 호러로 방향을 틀기 시작한 것을 눈치 챘기에 가능한 것이었을지도 모릅니다.

신선한 충격을 가져온 데뷔작 『십각관의 살인』(고단샤)[51] 이후 고작 3년 후인 1990년, 아야쓰지 유키토가 스플래터 호러 『살인귀』(후타바샤)를 내고 1993년 말에는 그것보다 잔학의 정도를 더한 『살인귀 Ⅱ』(후타바샤)를 냅니다. 『살인귀』 시리즈는 신본격 미스터리와 스플래터 호러를 합친 것 같은 작품인데, 본격 미스터리 팬과 스플래터 호러 팬 모두의 혹평을 받은 것도 이해는 됩니다. 하지만 시리즈는 (시리즈라고 해도 두 작품이지만) 확실히 호러의 정도를 더해갔습니다. 살인귀가 산에서 마을로 내려와서 살육을 시작하기 때문이죠.

『살인귀』 시리즈에서 보는 '해결가능성'과 '해결불가능성'

『살인귀 Ⅱ』를 조금 인용해보겠습니다. 연이어 전개되던 잔인한 장면이 매듭지어지는 장면입니다.

…… 살인귀는 복강 내 깊숙이 끼워 넣은 손으로 내장을 휘젓다가,

---

51 국역본: 『십각관의 살인』, 양억관 역, 한스미디어, 2005.

이내 대장의 일부분을 꽉 움켜쥐었다. 위胃의 아랫부분에 위치하는 횡행 결장이라는 부분이다.

그것을 힘껏 뽑아냈다.

배가 잘린 부분에서 상행결장과 맹장, 소장의 회양부분, 그리고 공장 부분과 하나로 이어진 미끄덩한 내장이 줄줄 새어 나온다. 장벽이 찢어져 서 흘러나온 소화액과 오물 냄새가 어두운 병실 가득 퍼진다.

뜨거운 맥박, 미끈미끈 빛나는 기다란 대장. 살인귀는 밧줄을 바싹 당기듯 그것을 늘이더니 주인의 목에 휙 둘렀다.

사냥감의 얼굴 위에 올라타는 듯한 자세로 장을 쥔 양 손에 힘을 줬다.

상처 입은 사냥감의 모가지를 그의 내장이 깊숙이 조여든다. 휴, 하고 호흡이 끊긴다. 입안에 쑤셔 넣었던 안구 하나가, 입술 사이에서 툭 하고 굴러 떨어진다…….

말 그대로 피바다가 된 침대 위에서, 사냥감은 곧 바다에 가라앉듯 모든 움직임을 잃었다.

살인귀는 유유히 상체를 일으킨다. 피와 기름으로 찐득찐득해진 자기 손가락을 핥으며, 무참한 상태의 시체를 내려다본다.

끝없는 광기에 사로잡힌 두 눈동자가, 머리맡에 매달린 호출 스위치를 포착하며 번쩍 빛났다.

눈동자가 번쩍 빛나고 난 다음 살육이 시작되는데, 인용은 이만해도 되겠 죠?(웃음)

이 살육 장면의 묘사에서 본격 미스터리와 호러의 결합을 엿볼 수 있습니다. 파괴된 신체 내부에 대한 아주 분석적이고 분류적인 묘사, 예를 들면 장陽에 대한 묘사를 보면 말이죠, 그 묘사의 '지知'가 이야기에 안정적인 질서가 있다는 생각이 들게 합니다. 수수께끼를 제시하고 그것을 해결해나가는 이야기의 질서가 있다는 느낌말이지요.

하지만 그 '지'가 분석적으로 파악하려는 대상은 어디까지나 파괴되어 피범벅이 된 세계입니다. 본격 미스터리에 나오는 시체 또한 많은 경우 피범벅의 모습으로 묘사되지만, 이 작품에 나오는 건, 예를 들면 입 속에 안구를 쑤셔 넣고 있거나, 피와 기름으로 찐득찐득해진 자기 손가락을 핥는 것 같은, 지나치다 싶을 정도의 파괴행위와 '피'가 흩어진 모습입니다.

이러한 과도함은 이야기의 질서를 무너뜨리고 있습니다. 시리즈에 본격 미스터리가 들어갈 여지는 극히 적습니다. 그리고 살인귀가 내려온 마을은 이미 전체적으로 살육에서 벗어날 수 없다는 폐색감에 휩싸여있지요.

1990년대 중순, 문학의 주역이 미스터리에서 호러로 바뀐 게 확실해졌는데, 아야쓰지 유키토의 『살인귀』 시리즈는 시대에 앞서 그 주역 교체를 작품 속에서 표현하고 있었다고 볼 수 있겠지요.

미스터리가 '해결가능성'에 기초한 이야기라고 한다면, 호러는 '해결불가능성'에 기초하여 '내적 파괴'를 드러낸 이야기라고 할 수 있습니다.

호러의 등장으로, 피투성이 '붕괴'와 '내적 파괴'의 이미지를 부여받은 시대의 '해결불가능성'을 '호러적인 것'이라고 부를 수 있게 됩니다. 그리고 이렇게 출현하게 된 호러는, 시대의 '해결불가능성'과 연계되어 단순한 이야기 이상의 의미를 갖는 무언가를 의미하게 된 것입니다.

폐색감으로 가득한 좀비의 밤과 낮

1990년대 초에 이중, 삼중의 '해결불가능성'이 우리 사회를 에워쌌다면, 그 이전인 1960년대에서 80년대 말까지 '해결불가능성'으로 휩싸여 있던 곳이 미국입니다.

그런 미국의 호러 붐 속에서 두드러진 호러영화로, 뉴욕 근대 미술관에 필름이 영구 보존되어 있는 작품이, 지금까지 몇 번이나 나왔던 조지. A. 로메로 감독의 <살아있는 시체들의 밤>(1968)과 토브 후퍼 감독의 <텍사스 전기톱 살인사건>(1974)입니다.

<살아있는 시체들의 밤>에서 살아 있는 시체는 후에 좀비라고 불립니다 (<좀비>, 1978). 스토리는 이렇습니다. 오빠와 여동생이 어머니 성묘를 하러 갔다가, 그곳에서 한 좀비에게 습격당합니다. 오빠는 쓰러지지만 여동생은 숲속의 외딴집으로 도망갑니다. 얼마 후 좀비에게 쫓긴 다른 남자(흑인)도 집으로 뛰어 들어옵니다. 점차 집 주위로 좀비들이 모여듭니다. 그리고 집 지하실에서 숨어있던 남녀 두 쌍이 나타납니다. 제각기 사연이 있는 여섯 명이 좀비들과 처절한 싸움을 시작합니다. 밤이 되자 집 주위는 좀비로 가득합니다. 아무래도 좀비들은 여섯 명의 육체를 얻고자 헤매고 있는 듯합니다.

기나긴 밤. 좀비들의 출현을 알리는 텔레비전 뉴스. 탈출을 시도하다 실패한 남녀를 마구 먹어대는 좀비들. 이윽고 내부인 사이의 싸움이 정점을 찍을 무렵, 좀비가 집으로 쏟아져 들어옵니다. 홀로 지하실에 피신한 흑인은 좀비가 되어 깨어나려는 자를 쏘아 죽입니다. …… 아침. 개가 울부짖는 소리에 눈을 뜬 흑인은 창문 밖을 봅니다. 보안관들이 왔습니다. 그중

↑ 〈살아있는 시체들의 밤〉
조지. A. 로메로(1968)

한 명이 흑인을 보고 소총을 발사합니다. 흑인은 한 방에 쓰러집니다. 좀비보다 가혹하고 잔인한 좀비 소탕부대는 흑인의 시체를 갈고리로 끌어다가 불을 붙입니다.

좀비들의 밤은 잔인하지만, 인간들의 아침은 더욱 잔인하고 폭력적입니다. 게다가, 이 인간들 중 몇 명은 이미 좀비가 되어버렸을 겁니다.

그곳에서 빠져나와 아무리 도망친다 하더라도, 도망친 곳은 원래 있던 곳과 다르지 않습니다. 아니, 원래 있던 곳보다 더 절망적이고 잔인합니다.

답답하고 폐색감이 가득한 세계입니다.

프랑스의 부조리극 극작가인 외젠느 이요네스코의 〈코뿔소〉(1958년 발표, 60년 초연)라는 작품이 있습니다. 반反전체주의로 관철된 작품인데, 시민들이 점점 코뿔소로 변해가는 가운데 단 한 명의 남자만이 그것을 거부한다는 내용입니다. 그 작품에서 코뿔소라는 나쁜 것은 외부에서 들어와 시민을 바꾸어 나가는데, 그에 반해 좀비는 미국 시민 자신이며 내부의 붕괴를 의미합니다.

아니면 이렇게 말할 수도 있겠네요, '코뿔소'는 아무리 부조리한 존재일지언정 대상화가 가능한데, 좀비는 대상화할 수 없는 내부의 변질이라고 말이죠. 그렇기는 해도, 시민이 스스로 원해서 서로 앞 다투어 '코뿔소'가 되어간다는 <코뿔소>의 견해는 흥미롭습니다. 만약 시민이 좀비가 되고 싶었던 거라면 어떨까요? 그런 느낌도 들어요. 오히려 그렇게 생각하는 편이 호러의 의의를 깊이 있게 생각하게 되네요…….

<살아있는 시체들의 밤>은 바로, 폐색 상태에 있는 자들의 '해결불가능성에 의한 내적 파괴', 호러적인 것의 전형이라고 할 수 있는 작품입니다.

스플래터 이매지네이션을 자극하는 장치로서

<텍사스 전기톱 살인사건>, 원제는 The Texas Chain Saw Massacre. 텍사스 전기톱 대학살. 이 제목이 더 무섭네요.

스토리는 두 번째 작품 서두에 이렇게 요약되어 있습니다. '1973년 8월 18일 오후, 텍사스에서 드라이브를 나온 다섯 젊은이 중에 네 명은 죽고, 다음날 아침에 피투성이가 되어 발견된 유일한 생존자 샐리는 믿기 힘든 이야기를 했다. 인육을 먹는 일가족이 있는데, 전기톱으로 그녀의 친구들을 잘라 널어 말렸다는 것이었다.' 이 영화에 대한 문제점을 프린트로 만들어 배부했습니다.

① 기록영화 풍='사실'을 가장함 ── 실제로 있었던 에드 게인 사건(73쪽 참조 사이코 호러와 스플래터 호러 두 분야 모두의 모델이 됨)을 떠올리게 한다.

② 자금 부족 때문에 16밀리로 촬영, 무명배우 캐스팅 ── 매끄럽지 못해

서 더 리얼함.

③ 타이틀의 변화 — 헤드치즈, 레저페이스, 인간쓰레기……. 여러 가지 후보 중에서 전기톱이라는 잔인한 흉기로 결정됨.

④ 동화적 세계 답습 — 아이들이 깊은 산속으로 들어가 괴물에게 습격당함.

⑤ 미로, 미궁 느낌 — 가장 첫 장면.

⑥ 묘지털이, 시체 가공 — 이 또한 에드 게인 사건의 기억.

⑦ 여성의 성적인 요소가 넘침 — 남성의 시선에 의한, 쾌감이라기보다는 증오의 시선. 여성은 남성에게 통제 불가능한 존재가 되었다. 1960년대 말 성해방에 대한 반동.

⑧ 수상쩍은 히치 하이커의 등장 — '뒤틀림'을 발생시킴. 노이즈.

⑨ 텍사스의 광기 — 미국 중서부. '도살'. 그리고 원주민 학살의 기억.

⑩ 일을 저지르는 인간의 고립감, 적막감 — 그러나 그것을 웃도는 폭력성.

⑪ 레저페이스(사람 피부로 된 가면을 쓴 살인자)란 무엇인가 — 누군가 특정 인물이 아닌, '나일지도 모른다.' 고 보게 하는 장치.

⑫ 이웃의 이상한 공간 — 낮의 생활과 밀착되어 있는 공간, 바로 그 옆에 존재하는 이상한 공간.

⑬ 스플래터라고는 하지만, 실제 살육 '장면'은 모두 숨어있다 — 보는 사람의 스플래터 이매지네이션을 자극함.

⑭ 스플래터 — 신체 절단의 공포, 피투성이의 공포. 하지만 젊은이들은 마치 이끌리듯 거기에 빠져버린다.

⑮ 반복되는 '클로즈업' — 안 보이는 주위로부터의 습격을 두려워한다.

⑯ 무시무시한 것의 몽타주 — 파괴된 인간과 세계는, 파괴된 영상에서
출현함.

⑰ 토브 후퍼 감독 — 베트남 전쟁의 반전 다큐멘터리를 표현함. 신체의
파괴와 절단은 영화에서 베트남 전쟁터로 이어짐.

⑱ 남근적인 것 — 전기톱, 헛되이 휘둘림. 대응물의 결여.

여기서 특히 주목하고 싶은 것은 ⑬⑮⑰입니다. 우선 ⑬. 뛰어난 호러영화와 호러소설은 스플래터 신을 억지로 밀어붙이지 않습니다. 보는 사람의 스플래터 이매지네이션을 자극하고 활성화시켜서, 이 작품뿐만 아니라 많은 작품에서, 그리고 현실의 한복판에서 호러적인 것을 꿰뚫어보도록 단련시키지요. ⑮는 '파괴된' 것을 다르게 표현하기 위해 허를 찌르는 영상과 말의 조합이 필요하다는 것입니다. '파괴된' 것은 분명, '파괴된' 영상과 말로 더 잘 표현할 수 있을 것입니다.

호러 붐은 미국에서 일본으로 건너왔다

⑰은 1960년대 후반에서 1970년대 중반까지 미국 호러영화 붐이 당시 미국이 베트남에서 무차별적으로 행하고 있었던 대량 살육을 함의하고 있다는 것입니다. 전쟁과 호러와의 관계에 대해 생각할 수 있겠지요.

미국의 호러영화와 베트남 전쟁과의 관계에 대해서는 긍정론과 부정론이 있는데, 저는 전후의 사회적 혼란, 피폐, 황폐화를 포함해서 이 관계를 중시하는 입장입니다. 아담 사이먼 감독의 <아메리칸 나이트메어>(2000)

← 〈텍사스 전기톱 살인사건〉,
토브 후퍼(1974)

는 호러에 관계된 일을 하는 사람들의 인터뷰를 통해 호러와 베트남 전쟁 및 사회적 사건과의 깊은 관계를 확인한, 주목할 만한 기록 영화입니다. 출연진은 토브 후퍼, 조지. A. 로메로를 비롯하여, 데이빗 클로넨버그, 존 카펜터 같은 호러영화 감독, 그리고 특수효과를 담당하는 톰 사비니 등등 입니다.

①에서 ⑱까지의 포인트 중 가장 중요한 것은 〈텍사스 전기톱 살인사건〉도 일상 바로 옆에 이상異常 공간이 있고, 도망가도 어딘가에서 다시 그 공간이 나타난다는 '폐색감'이지요. 다섯 명의 젊은이들은 오히려 도망가지 않고, 그 잔인함 속으로 빨려 들어가듯 들어가 버립니다. 자발적으로 호러적인 것을 확인하듯 말입니다.

〈살아있는 시체들의 밤〉과 〈텍사스 전기톱 살인사건〉에서 다뤄진 폐색

상태 속에서 일어나는 유혈이 낭자한 사건은 20년 가까이 계속되는 미국 호러영화 붐에서 공통적인 요소였습니다. 두말할 것도 없이 베트남 전쟁 이후 전후의 사회적 피폐와 붕괴, 그 해결불가능성으로 고뇌를 겪은 미국 사회의 모습을 상징하는 것이라고 할 수 있겠지요.

그리고 이렇게 붕괴된 사회는 1990년 이후, 즉 포스트 냉전시대에 미국이 세계의 견인차가 되기에 이른 시점에서 버블 붕괴 후의 일본으로 건너옵니다. 호러 붐이 미국에서 일본으로 건너온 것처럼 말이지요.

하지만 현재 아프가니스탄 전쟁, 이라크 전쟁을 비롯한 '새로운 전쟁', '테러와의 전쟁'을 계속하며 간신히 '해결불가능성'의 시대를 헤쳐 나가고 있는 듯 보이는 미국에도, 실은 내부에 그로 인한 '붕괴'가 축적되고 있습니다.

물론 일본에서 화제가 되고 있는 '격차', '워킹푸어' 문제도 미국에서 해결불가능하다는 것이 명백해진 것들입니다.

'붕괴'는 사회의 외부에서 오는 것이 아니라, 내부에서 온다

2006년에 출판된 양석일의 대작 『뉴욕 지하 공화국』(고단샤)은 2001년의 동시다발 테러, 9·11 사건을 미국 사회 '내부'의 문제로 파악하려 한 작품입니다. 저는 양석일 씨와 20년 전부터 알고 지낸 사이입니다. 가까이에서 한 작가의 큰 성취를 볼 수 있어 정말 기뻤는데, 이 작품 역시 저를 실망시키지 않았습니다.

미국 사회의 현재를 파악하는 소설 구상을 위해 뉴욕에서 체재하던 중에 사건을 겪은 양석일 씨에게, 사건은 절대로 돌발적이고 예외적인 것이 아니었을 테지요.

사건은 미국 사회 '바깥'이 아니라 '안'에서 시작되었습니다. '맨해튼에서 한 걸음 밖으로 나오면, 빈곤과 차별이 좀먹은 세계가 펼쳐진다.' 포스트 냉전 후의 경제지상주의가 인종차별, 민족차별, 종교차별, 성차별을 한층 더 가혹하게 만든 사회 '안'은, 그 자체가 글로벌 사회의 축소판과 다름없지요.

양석일은 사건을 해결하기 위해서 이 '안'을 깊이 파고들어야만 한다고 확신했을 것입니다.

그래서 이야기는 백인 경관이 흑인 청년에게 발포하는 장면에서 시작되는데, 사건을 중심으로 거리에 난무하는 차별과 복수와 폭력에 초점을 맞추어 '새로운 전쟁' 속으로 발을 들여 놓는 하층 군인들을 그린 뒤, 마지막에는 귀환 군인과 노숙자들에 의해 조직된 체제파괴조직 '뉴욕 지하공화국'을 등장시킵니다.

한편으로는 화려하고 생생해 보이는 정치적 문제와 경제계의 욕망, 경찰과 군의 행동은 이러한 사회 내부의 모순에 비하면 얼마나 표층적인 것인가요.

사회적 편견과 차별, 삶의 고난과 빈곤, 그리고 싸움과 전쟁을 모두 똑똑히 확인하고 현재의 세계질서를 대신할 새로운 공생적 질서를 바라보는 것이 '세계문학'이라면, 양석일의 이 작품은 세계문학의 정상에 가까운 걸작이라고 할 수 있습니다.

미국 사회는 또 다시 '호러적인 것'에 직면할 것이다

미국 사회의 '붕괴'가 외부에서 온 것이 아니라 내부에서 왔다는 견해는, 앞서 말한 대로 조지. A 로메로 감독의 <살아있는 시체들의 밤>과 토브 후버 감독의 <텍사스 전기톱 살인사건>을 비롯한 호러영화와 소설이 견지해온 시점입니다.

왕따를 당한 소녀가 마을을 파괴해버리는 『캐리』(신쵸문고)[52]를 비롯한 스티븐 킹의, 소위 '모던 호러물' 또한 예외는 아닙니다.

미국과 영국이 지금 가장 경계하고 있는 것은 외부에서 오는 테러가 아니라 내부에서 오는 테러라는 애기가 암암리에 돌고 있습니다. 계획적인 테러라 추측하여 실제로 잡고 보면, '알 카에다'와는 아무런 관계가 없는 사회 내부모순 때문에 제각기 '붕괴'를 끌어안고 나선 사람들인 것이죠.

하지만 그렇게 생각하면, 실은 9·11을 초래한 건 미국 사회 그 자체고, 지금도 또 그런 일을 자초하고 있다고 할 수 있겠지요. 세계화가 세계를 연결하는 가운데, 그 중심에 있는 미국 사회는 세계적인 모순을 그대로 내부모순으로 품고 있는 것입니다.

프랑스의 사상가 폴 비릴리오는 9·11부터 시작된 '새로운 전쟁'을 '제1차 세계내전'이라는 말로 표현했습니다. 눈에 보이는 '전쟁터'는 아프가니스탄과 이라크, 그 외의 주변 지역이지만, '내전'인 이상 '전쟁터'는 도처에 있습니다. 물론 미국 내부에도 있고, 일본 내부에도 있지요. 그리고 '전쟁터'를 내부로 보려는 시선은 그러한 '전쟁터'보다도 심각한 사회적, 인간적

---

52 국역본: 『캐리』, 한기찬 역, 황금가지, 2003.

‘붕괴’에 이르지 않을 수 없습니다. ‘호러적인 것’에 맞닥뜨릴 수밖에 없는 것이지요.

‘현존 사회주의’의 대붕괴라는 세계사적인 ‘해결가능성’의 퇴장 후에, 세계화의 견인차로서 ‘해결가능성’을 떠맡아온 미국도 조만간 자기 사회의 ‘해결불가능성’에 직면할 것입니다.

베트남 전쟁과 그 후를 체험한 미국 사회에 호러가 도래한 것처럼, ‘새로운 전쟁’, ‘테러와의 전쟁’을 체험한 미국에는 다시 ‘새로운 호러’가 도래할 것입니다.

그러면 그때 미국에서 일본으로 건너온 호러가 다시 거꾸로, 일본에서 미국으로 건너갈까요? 하지만 어떤 ‘해결가능성’도 손에 쥐지 못한 일본 사회에 그런 일이 있을 리 없습니다.

일본 사회와 미국 사회 모두, ‘더 하우스 오브 더 데드’(세가에서 나온 게임)처럼 하우스 오브 호러, 즉 호러 하우스에서 도망칠 수 없을 것입니다.

매혹

사람은 왜 호러에 매력을 느끼는가?

시대와 사회로 시야를 넓히자

이번 강의에서는 오래전 '폐색 시대'의 소설인 장편 호러작품 『대보살고 개』(1913~1941년)를 중심으로, 사람이 왜 호러에 매력을 느끼는지에 대해 생각해봅시다. 이를 논의하기 위해 '그로테스크'에 대한 이론인 볼프강 카이저의 『그로테스크한 것』(호세대학출판국)[53] 및 미하일 바흐찐의 대표 적인 저서 『프랑수와 라블레의 작품과 중세, 르네상스의 민중문화』(세리카 서방)[54]를 참고하겠습니다.

---

[53] 국역본: 『미술과 문학에 나타난 그로테스크』, 이지혜 역, 아모르문디, 2011.
[54] 국역본: 『프랑수와 라블레의 작품과 중세 및 르네상스의 민중문화』, 이덕형 역, 아카넷, 2001.

전에 제 '전문분야'가 없다는 얘기를 했는데, 지속적으로 관심을 가지고 있는 테마와 대상이 없다는 건 아닙니다. 오히려 특정 '전문분야'로는 한정 지을 수 없을 정도로 많은 테마와 대상이 있다고 하는 편이 맞겠지요.

어렸을 때 본 이후로 쭉 마음이 끌렸던 고질라에 대해서는 책을 몇 권이나 썼고, 그 이후로 '괴물'과 '괴수', 더불어 '그로테스크한 것'에 흥미를 가져왔습니다. 가장 좋아하는 비평가 하나다 기요테루가 남긴 '괴물은 미래다'라는 말[55]에 이끌려, '괴물이 나타났다, 괴물을 죽여라'에서 '괴물이 나타났다, 인간이 바뀌어야 한다'로 시점을 전환해야 된다는 주장을 제기하면서 말이죠. 또한, 대학생이 되어 읽은 『참형에 처하다』(유기 쇼지, 가도카와문고)이래, 기존의 견해를 뒤집는 시대소설과 역사소설에 대한 생각을 써왔습니다. 이 분야에 관련해서 읽은 책은 3천 권을 가뿐히 넘을 것입니다. '권력'과 '전쟁', '혁명'과 '저항'이라는 테마에 대해서는, 당연히 문학의 영역뿐 아니라 정치학과 경제학, 역사학과 사회학, 철학과 기호론 같은 영역을 넘나들며 생각해왔습니다. '재일교포문학'과 '오키나와문학'을 열렬히 지지하는 마음도 있습니다. 물론, 모든 작가의 모든 작품을 다 읽어왔습니다. 그런 것들은 최근에 낸 『이 소설의 반짝임!』(추케문고)에 정리했습니다.

이런 저의 취향을 간단히 말하자면, 바보 같은 주류파예찬, 상식을 찬미하는 사대주의와는 한없이 거리가 멀고, 오히려 그것을 뒤집거나 파괴시키

---

55 하나다 기요테루(1909-1974). 공산당과는 거리를 두면서도 체제 비판적인 성격의 평론 활동으로 유명한 일본의 작가이자 문예평론가, 기자. 에세이 「과학소설」에, 괴물은 인간을 비판하기 위해 나타났으므로, 미래가 있는 것은 인간이 아니라 괴물이라는 의미로 '괴물에게는 미래가 있다'는 말을 남겼다.

는 것을 좋아한다고 할 수 있겠네요. 게다가 개인과 가족, 작은 집단에 국한된 테마를 그려내는 것을 굉장히 싫어하고, 가능한 한 시대와 사회로 시야를 넓혀가고 싶습니다. 그래서 미스터리는 본격이나 신본격 미스터리보다는 아주 예리한 사회파 미스터리만을 높이 평가합니다. 호러도 소위 사회파 호러가 좋습니다. 저는 그런 것을 접하면 너무 두근거리고 마음이 들뜹니다. 호러 원리주의자인 히가시 마사오 씨에게 혼나겠지만요.

화창한 봄날, 대낮의 참극이 벌어지다

그중에서 소설 『대보살고개』(국내 미출간)에 대한 관심은 굉장히 강하고 지속적입니다. 문고본(치쿠마문고)으로 치면 500페이지 분량의 두꺼운 책으로 스무 권이나 됩니다. 지금까지 아홉 번 거듭 통독했습니다. 요즘도 다시 읽고 싶습니다.

그 작품 첫 부분에, 정말 느닷없이 이런 장면이 나옵니다. 1913년 미야코 신문에 발표된 문장을 인용하지요.

"이보게, 노인."

그것은 앞에 있던 무사가 내뱉은 말이었습니다. 노인은 황망히 대답했습니다.

"예."

노인이 앉음새를 바로하고 정중히 인사하려 했을 때, 그 무사는 서둘러 주위를 둘러보더니 말했습니다.

"이리로 나오게."

삿갓도 벗지 않은 채로 무슨 용건인지도 말하지 않고 손짓하며 부르기에, 순례자 차림의 노인은 조심조심 말했습니다.

"예, 무슨 용건이십니까?"

허리를 약간 굽히고 다가갔더니,

"뒤돌아!"

이 목소리와 동시에 피가 확 뿜어져 나옵니다. 이 얼마나 잔인한 일인가요, 순례를 하던 노인은 눈 깜짝할 사이에 몸이 두 동강이 되어 푸른 풀 위에 엎어졌습니다.

칼끝을 두 자 세 치 정도 적신 노인의 핏방울을 잠시 바라보더니, 갑자기 그 순례자의 겉옷 자투리로 칼을 닦습니다.

산벚나무꽃이 만개한 대보살고개에서 대낮의 참극이 벌어진 순간입니다. 계절과 시간이 피범벅의 참혹함을 더욱 돋보이게 합니다. 늙은 순례자를 두 동강 내고 떨어지는 핏방울을 바라보는 이 사람에게는 후에 쓰쿠에 류노스케라는 이름이 붙여지는데, 기나긴 이야기 속에서 쓰쿠에 류노스케가 살육을 저지르는 장면에서는 꼭 '쓰쿠에 류노스케'라는 이름이 지워지고, 정체를 알 수 없는 '무언가'로 표현되는 점도 무섭지요.

지금까지 많은 독자가 고민해온 '이유 없는 살인' 장면입니다.

아야쓰지 유키토의 『살인귀』 시리즈에 나오는 살육 장면의 분석적, 분류적 묘사와 비교해보는 것도 좋겠네요. 이야기를 통제하려 하는 '지知'가 조금도 느껴지지 않죠? 그게 정말 으스스합니다. 어쩌면, '지'의 무력함을 너무 잘 알고 있는 나머지 '지'가 끝난 곳에서 이야기가 시작되는 건 아닐까

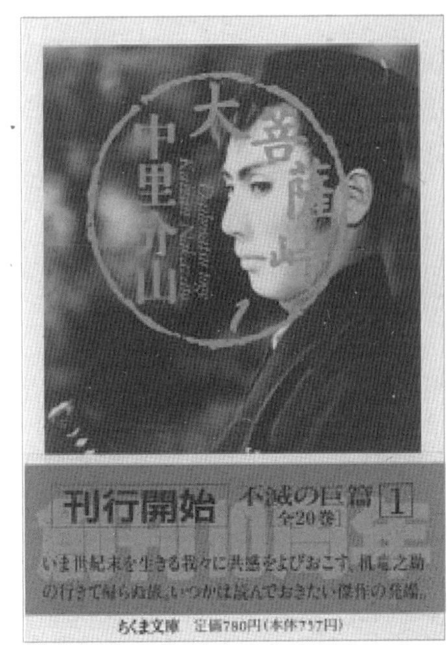

→ 『대보살고개』전 20권
나카자토 가이잔
(치쿠마문고, 1995)

요?

　이런 상상이 근거가 없는 건 아닙니다. 실제로 이야기는 거의 무계획적이
라 느껴질 정도로 길게 이어져서 30년 이상 집필이 계속된 후, 작가인 나카
자토 가이잔의 죽음에 의해 결국 '종결'마저도 빼앗기기 때문입니다.

　일본 대중소설의 시초이자 일반 부녀자에서 황족에 이르는 폭넓은 독자
를 획득한 '국민문학'의 한 작품으로 평가받는 『대보살고개』. 사람들 사이
에서도 가장 잘 알려진 주인공 쓰쿠에 류노스케는 서두에서 화창한 봄날,
대낮에 참극을 일으켰습니다.

호러소설의 시초인 『대보살고개』

서두뿐만이 아닙니다. 이야기 대부분은 첫 부분에서 장님이 된 쓰쿠에 류노스케가 마치 연쇄 살인범처럼 어둡고 피비린내 나는 행동을 거듭하는 내용입니다. 가끔 이런 욕망을 드러내면서 말이죠.

나는 사람을 베고 싶어서 베는 것이다. 나는 사람을 베지 않고서는 견딜 수가 없다……. 남자도 베고 싶지만, 여자도 베고 싶다. 아아 고후는 좁아, 에도로 가고 싶다. 예전에는 강한 녀석이 아니면 베고 싶지 않았다. 반응이 재미있는 녀석이 아니면 베려하지도 않았다. 요즘은 약한 녀석도 베고 싶다. 살려달라며 우는 녀석을 베는 게 좋아졌다. 아아, 목이 마른 것처럼 사람을 베고 싶다. -(「칠흑 같은 어둠 편」)

이윽고 쓰쿠에 류노스케의 꿈속에도 피가 넘쳐흐릅니다.

동틀 무렵 목이 말라서 술도 깰 겸 물을 마시고 싶어서 산을 내려가 이 호수까지 내려왔는데, 물을 마시려고 물가에서 무릎을 굽히고 앉아보니 그 호수 색이 온통 핏빛이었습니다. "아, 이건 못 마시겠다." 류노스케는 손을 물속에 넣으려다 멈칫했습니다. 다시 바라본 끝없이 넓은 호수가 온통 피라는 것을 확인하고, 이거야말로 세상 사람들이 말하는 피바다라는 거겠지, 라는 생각이 들었습니다. …… 끝없이 펼쳐진 피의 호수는 고요했습니다. 작은 잔물결도 일지 않고 있습니다. 언뜻 보기에는 새까맣지만, 손을 넣어보면 피라는 것을 알 수 있습니다. 그 피가 찐득찐득 미적지근한 것이 느껴집니다. ……. -(「벤신 편」)

이와이 시마코의 『봇케, 교테』를 읽고 호러와 '호러적인 것'에 주목하기 시작했을 무렵, 저는 『대보살고개』를 다시 읽고 있었습니다. 출판사에서 평론 시리즈 중 한 권으로 써달라는 요청을 받은 상태라 테마와 대상을 정하기 위해 이런저런 책을 다시 읽고 있었는데, 점점 『대보살고개』가, 아니 『대보살고개』만 떠올랐습니다. 제 안의 '호러적인 것'이 『봇케, 교테』와 『대보살고개』를 연결지었는지도 모릅니다.

그 내용을 정리한 것이 이 강의의 참고도서로 정한 『이유 없는 살인 이야기 ── 「대보살고개」에 대하여』(고사이도라이브러리)입니다. 매번 이 교실로 가져온 사람도 많지요. 드디어 이 책을 펼쳐보게 되네요. 오래 기다리셨습니다.

책 띠지에는 제가 제안한 말이 적혀있습니다. '어둠 속을 뛰어다니는 쾌활한 「괴물」들에게 바친다. '이유 없는 살인'으로 시작되는 『대보살고개』는 피투성이 호러를 희망의 통로로 바꾸어, 괴물들만이 열어갈 수 있는 아득한 미래를 제시한다.' '호러론'과 '괴물론'을 합친 캐치 카피 같은 느낌인데, 그런 것 같은 게 아니라 정말 그렇습니다. (웃음)

전쟁을 거부하고, 전쟁이 거부한 '호러소설'

이 책을 다시 읽으면서, 저는 속으로 『대보살고개』가 일본 '호러소설'의 시초라는 것을 확신했습니다. 만약 그렇다면 일본 대중소설의 시초, 혹은 시대소설의 시초, 즉 엔터테인먼트의 시초는 '호러소설'이고, 근대문학사상 가장 많은 사람들, 심지어는 사회 저변과 정점에 이르는 사람들 모두를 매료시킨 이야기야말로 '호러소설'이라고 할 수 있겠지요.

사건이 일어날 때마다 호러비디오 때문이다, 호러소설 때문이라고 떠들어대는 사람들이 '국민문학'의 한 작품이 '호러소설'이었다는 것을 알면 뭐라고 생각할까요. 전쟁이 일어난 건 호러소설 때문이라고 말할지도 모릅니다. 하지만 『대보살고개』는 '호러소설'이긴 해도, 아니, 오히려 '호러소설'이기 때문에 전쟁을 거부하고 전쟁과 멀리하려는 이야기입니다. 이 작품에는 전쟁을 거부하는 논리와 전쟁을 꺼리는 감정이 충만합니다. 적어도 호전적인 분위기 같은 건 티끌만큼도 없습니다. 권력층도 이걸 알았는데, 1941년 이후에 이 소설의 연재가 계속될 수 없었던 이유 중 하나는 권력 측의 간섭이 있었기 때문이라고 합니다. 출정하는 병사들을 지지했던 요시카와 에이지의 『미야모토 무사시』와는 다른 면이지요.

『대보살고개』의 연재가 시작된 것은 1913년 가을입니다. 「시대폐색의 현상」(이시카와 다쿠보쿠, 1910년에 집필)[56]이 한창일 때에 등장했습니다.

일본사 연표를 보면, 1910년 무렵은 국가의 지배 시스템이 안정된 시기임과 동시에, 사람들이 그 안정을 위해 사회적으로 조직되고 길들여지는 시대였습니다.

우선 1910년은 한일병합이 있던 해입니다. 에조에서 류큐[57], 그리고 타이

---

56 고토쿠 슈스이 등과 관련된 대역사건과 한일병합 등 메이지 말년의 강권정치에 대한 비판함과 더불어 메이지 유신 이래 강권적인 국권론에 대해 이의를 제기한 적이 없는 당시 젊은이들을 비판한 평론.

완에 이르는 '나라'의 확정과 확장을 꾀해온 '국민국가'가 결국 대륙으로 퍼져갔던 획기적인 해. 세계 역사상 보기 드문 야만적이고 호전적인 대일본제국이, 무시무시한 비상을 시도한 해로 기억되어야 합니다.

또한 1910년은 '대역사건(고도쿠 사건)'이 있었던 해이기도 했습니다. 메이지 천황 암살사건을 기도했다는 명목으로 고도쿠 슈스이와 전국의 사회주의자가 검거되어 24명이 사형당한 사건입니다. 후에 대부분이 권력 측의 날조(프레임업)였다는 사실이 밝혀집니다. 밖으로의 확장은 안으로의 엄청난 탄압과 동시적인 것이었습니다.

이렇게 국가의 지배 시스템에 길들여지기를 거부하는 사람들에게, '시대 폐색의 현상'(이시카와 다쿠보쿠)이 닥쳐왔습니다.

스플래터 이매지네이션으로 '시대폐색의 현상'을 돌파하라

『대보살고개』의 작자인 나카자토 가이잔(1885~1944년)은, 소년 시절 가족이 뿔뿔이 흩어지고 가난의 고통을 겪고 난 뒤 일찌감치 기독교에 흥미를 가지고 사회주의를 신봉했으며, 고도쿠 슈스이, 야마구치 고켄, 사카이 도시히코 등 사회주의자들과 접촉하게 됩니다. 반전反戰 시인으로서도 이름을 알리고 사회주의계 문예잡지의 창간에도 가담하지만, 결국 생각의 차이로 사회주의에서 멀어집니다. 미야코 신문에 입사하여 첫 신문소설 「얼음꽃」을 미야코 신문에 연재했는데, 주인공의 입을 빌려 '질서는 힘이 센 자가

---

57 에조는 지금의 홋카이도 지역. 류큐는 지금의 오키나와 지역.

세울 수 있는 것이다……. 그 질서가 마음에 안 들어, 질서를 무너뜨리고 싶다.'고 말합니다. 하지만 이듬 해, 한때 동지였던 고도쿠 슈스이 등이 잡혀 들어갔다는 사실을 알게 됩니다. 이 무렵 가이잔은 불교에 대한 관심이 강해진 상태였습니다.

그야말로 '해결불가능성'의 시대에 동지들과 함께 사형 당했을지도 모르는 사람이었던 가이잔은 홀로 남습니다. 불교에 대한 관심은 현실의 '해결불가능성'이 종교상의 '해결가능성'으로 변해가는 것을 의미했을 것입니다. 하지만 가이잔은 그것만으로 만족할 수 없었습니다. 이리하여 고립감이 깊어가던 전前 사회주의자의 마음속에 기괴한 '착란', 즉 '붕괴'가 자라나기 시작합니다.

그런 마음이 작품 첫 부분에 나오는 대낮의 참극으로 그려졌습니다. 스플래터 이매지네이션이 '시대폐색의 현상'을 돌파한 순간이라고 할 수 있겠지요. 그것은 종이 위의 '해결가능성'이 아니라 오히려 한층 더 짙고 피할 수 없는 종이 위의 '해결불가능성에 의한 내적 파괴'였습니다. 쓰쿠에 류노스케가 칼로 벤 사람이 늙은 순례자였던 것도 상징적입니다. 종교적인 '구원'까지 베어낸 순간, '해결불가능성에 의한 내적 파괴'가 진행되기 시작한 것입니다.

여기서부터 이야기는 시작됩니다.── 대낮의 참극에서 시작되는 이야기의 끝없는 방황이 시작되고, 쓰쿠에 류노스케라는 연쇄살인자의 기나긴 방황이 시작됩니다.

1913년부터 1941년까지 계속되는 이야기에는 때때로 '해결가능성'의 빛이 새어 들어옵니다. 길거리에 민중의 소동이 일어나기도 하고, 농민들이 봉기를 일으키기도 하고, '지금 그리고 여기'와는 다른 이상향을 찾아 등장

인물들은 산으로, 그리고 바다로 향하는데, 모든 것이 실패로 끝납니다. 그런 '해결가능성'을 비웃기라도 하듯 쓰쿠에 류노스케는 살인을 멈추지 않습니다.

살인자에게 끌리는 특이한 두 사람

오로지 '해결불가능성에 의한 내적 파괴'만 계속하는 쓰쿠에 류노스케에 게 거의 모든 등장인물들이 각기 다른 생각을 가지고 다가갑니다. 그중에 서도 특히 쓰쿠에 류노스케가 지닌 살인자의 면모에 이끌리는 사람이 오긴 님과 요네토모입니다. 얼굴의 상처 때문에 항상 쓰개를 쓰고 있는 오긴 님은 자신의 음울함과 잔인함 때문에 쓰쿠에 류노스케에게 이끌려, 그를 접할 때마다 편안한 안도감에 젖습니다. 요네토모는 아이 같은 몸에 울룩 불룩한 근육이 있는 무척 명랑한 떠돌이인데, 그 명랑함으로 쓰쿠에 류노 스케를 자신의 성격처럼 바꾸어보려는 태도를 취하기까지 합니다.

오긴 님은 잃어버린 것을 회복하려고 하고, 그 때문에 현재에 얽매여 있습니다. 반대로 요네토모는 차별을 당해온 이 세계에서 '잃을 것' 따위는 아무것도 없으니, 언제나 현재에서 미래를 향해 날아오르듯 뛰어다닙니다.

음울하고 특이한 오긴 님과 명랑하면서 특이한 요네토모는 그 자체가 '호러적인 것'의 체현임과 동시에, 한층 더 확실하게 '호러적인 것'에 대한 두 가지 태도를 상징하고 있다고 해도 되겠지요. 또한 이것은 이야기 속에 호러소설 독자의 두 가지 태도를 그려낸 것이라고 생각할 수도 있습니다.

그리고 이 두 가지 태도는 '그로테스크한 것'에 대한 두 가지 견해와

↑ 『미술과 문학에 나타난 그로테스크』
볼프강 카이저 저, 이지혜 역 (아모르문디, 2011)

같습니다. 그것이, 이번 강의 첫 부분에서 언급했던 카이저와 바흐찐의 흥미로운 견해 대립입니다.

르네상스 시기에서 현대에 이르는 5세기 사이의 '그로테스크한 것'을 고찰한 『그로테스크한 것 ─ 회화와 글자의 표현』(다케우치 도요하루 역, 호세대학 출판부)에서, 독일 문예학자 볼프강 카이저(1906~60년)는 '그로테스크한 것'을 다음과 같이 정의합니다. 그로테스크한 것(의 표현)은 '앞선 시대의 안정적인 세계상과 완전한 질서를 믿을 수 없게 된 시기'에 나타나는 '모든 합리주의, 모든 사고의 체계에 대한 단호하고 확실한 부정이다'. 그리고 그 의의를 '마신魔神적인 것을 호출함과 동시에 쫓아내는 것'에서 찾고 있습니다.

그로테스크한 표현에는, 예를 들면 '여러 가지 요소의 왜곡, 다른 영역의 혼합, 아름다운 것과 기괴한 것, 오싹한 것과 짜증나는 것 등의 공존, 각 부분이 어수선한 전체를 이루는 융합, 환상이나 꿈같은 세계로의 소외', '무서울 정도로 이해하기 힘든 것, 설명하기 힘든 암울한 것' 등등을 들 수 있습니다. 카이저의 그로테스크 이론이 가진 독창적인 면은, 그로테스크한 것이 생의 불안과 위기를 불러일으키고, 사람은 그것에 익숙해짐으로써 그것을 해소시킬 수 있다는 관점에 있겠지요. 익숙해지기만 하면, 무섭지 않다는 겁니다.

이러한 견해는 살인자를 가깝게 느낌으로써 음울한 안도감에 젖는다는 오긴 님의 태도와도 일치한다고 할 수 있습니다.

'그로테스크한 것'을 둘러싼 카이저와 바흐찐의 대조적 견해

'카이저의 저서는 실질적으로 그로테스크 이론에 대한 가장 좋은, 그리고 유일하게 진정성 있는 연구다. …… 하지만 카이저의 일반적 개념에는 절대 동의할 수 없다.' 러시아의 사상가 미하일 바흐찐(1895~1976)은 그의 대표적인 저서 『프랑수와 라블레의 작품과 중세, 르네상스의 민중문화』에서 이렇게 말했습니다.

카이저의 정의가 지닌 가장 놀라운 점은, 저자가 그로테스크 세계를 뒤덮고 있는 음울하면서도 무섭고 놀라운 분위기밖에 파악하지 못하고 있다는 점이다……. (하지만) 카니발적인 세계감각이 침투한 중세와 르네상스의 그로테스크는, 세계를 무섭고 놀라운 것에서 해방시켜서 가능한 한 무섭지 않은 것으로 간주하고, 그럼으로써 세계를 가능한 한 명랑하고 밝게 그려낸다. 보통 세계에서는 무섭고 사람을 놀라게 하던 모든 것이, 카니발적 세계에서는 즐겁고 <우스운 괴물>로 재탄생한다.

카이저의 그로테스크한 것이 음울하고 무서운 것인 데 비해, 바흐찐의 그것은 명랑하고 밝고 '우스운 괴물'입니다. 바흐찐이 뒤틀림과 이변을 파악하지 못한 것은 아닙니다. 오히려 그런 표상으로 넘쳐나는데도 불구하고, 그의 기조가 명랑하고 밝은 것은 바흐찐이 뒤틀림과 이변을 긍정적으로 받아들이고 있기 때문이지요.

카이저의 공포 표상은 현상의 변용을 부정하는 데 비해, 바흐찐의 명랑한 표상은 현상의 변용을 긍정합니다. 카이저가 현상 긍정적인 데 비해, 바흐찐은 현상 부정적입니다. 따라서 카이저와 바흐찐의 '해결' 또한 전혀 다른 것입니다. 카이저의 '해결'이 현상의 해결을 의미하는 데 비해, 바흐찐의 '해결'은 현상과는 다른 세계로 향하는 길목에서의 '해결'입니다.

그로테스크는 전혀 다른 세계, 전혀 다른 세계질서, 전혀 다른 생활기구의 가능성을 열어 준다. 이것은 현존하는 세계의 거짓된 통일성, 논의의 여지없는 명백성, 부동성의 경계를 넘어선다. …… 현존하는 세계가 갑자기 기이한 것(카이저의 용어를 쓴다면)이 되는 것은, 진정 친근한 세계, 황금시대의 세계, 카니발적 황금의 가능성이 모습을 드러내기 때문이다. 사람은 자기 자신으로 되돌아간다. 현존하는 세계는 재생하고, 새로워지기 위해서 파괴된다. 세계는 죽어감과 동시에 살아난다. 그로테스크에 있어 모든 존재의 상대성은 항상 명랑하며, 언제나 변화와 교체의 기쁨이 스며있다. 이 명랑함과 즐거움이 최저한으로 줄어드는 일이 있다 하더라도.

사람은 왜 호러에 매력을 느끼는가?

'현존하는 세계'에서는 차별과 조소를 당하면서도, 잃을 것은 아무것도 없는 명랑하고 밝은 요네토모. 그는 쓰쿠에 류노스케로 상징되는 '호러적인 것'에서 이 세상의 죽음과 재생, 즉 '현존하는 세계'란 '전혀 다른 세계, 전혀 다른 세계질서, 전혀 다른 생활 기구의 가능성'을 보고 있었던 것입니다. 물론, 요네토모도 쓰쿠에 류노스케를 두려워하지 않는 건 아닙니다. 요네토모는 '무명의 무언가'로 몰락한 쓰쿠에 류노스케에게 몇 번이나 위험하고 무서운 일을 당합니다. 그럼에도 불구하고, 라고 하기보다는 오히려, 그 때문에 끌리는 것이지요.

'현존하는 세계'의 가치를 인정하고, 현재에 얽매여 있는 오긴 님은 '호러적인 것'을 느끼고 안도합니다. 익숙해지면, 더는 무섭지 않습니다. 그리고 '붕괴'된 자의 회복을 믿고 있습니다. 그에 비해 요네토모는 '붕괴'의 회복을 믿지 않습니다. '붕괴'를 가져온 '현존하는 세계'를 전복시키지 않고서는 '붕괴'를 헤치고 나아가 다른 생에 도달할 수는 없다고 느끼는 것입니다.

자, 여러분은 어느 쪽에 가까운지요. 사람은 왜 호러에 매력을 느끼는 걸까요? 호러가 어째서 어떤 사람들에게 해방감으로 다가오는 것일까요? 바흐찐의 견해에 '해방'이 있듯, 카이저의 견해에도 '해방'은 있겠지요. 하지만 그것은 지속적으로 '붕괴'되는 세계에 익숙해지면서 나타난 일시적인 해방이고, 그 자리에 머물러 있기를 고집하는 이상 또 다시 '붕괴'에 직면할 수밖에 없습니다.

그러나 바흐찐이 말하는 죽음과 재생에 의한 '별세계'의 도래는 아직 예감일 뿐입니다. 여기에서도 해방감은 별세계가 도래할 때까지 몇 번이고 확인될 필요가 있겠지요.

요네토모가 한 발짝 한 발짝 나아가듯, 호러에 매력을 느낀 사람들 또한 제각기 '별세계'를 향해 나아갑니다. '해결불가능성'의 시대를 그대로 받아들이고, 거기에 작은 균열을 넣어가는 것입니다. 말로, 행동으로, 동지와 함께 하는 실천으로, …… 작은 '해결'을 쌓아가는 수밖에는 없습니다.

호러는 시간을 때우기 위해 보는 정도라는 사람도 있지요. 하지만 시간 때우기로 길거리에서 헌팅을 하거나 경제소설을 읽지 않고 구태여 호러를 본다는 것에는, 여기에서 생각한 것처럼 두 가지 '해방'에 대한 무의식적 접근이 있을 터입니다.

이론을 익히기 위한 중요 저작 가이드

카이저와 바흐찐의 견해는 상당히 도움이 되지요. 우리가 생각을 정리하고 단련하기 위해서는 이론을 참고해야만 합니다. 첫 강의 때 '낯설게 하기'에 대한 문헌을 제시했는데, 여기에서는 그것도 포함해서 제가 강의할 때 참고로 하고 있는 가장 중요한 이론을 적어두겠습니다. (지면 제한으로 인해 수업에서 배포한 프린트에서 요점만을 간추려두었습니다.) 꼭 직접 구해서 정독해주셨으면 합니다.

① 빅토르 쉬클로프스키 외, 『러시아 포멀리즘 논집』(이소타니 다카시, 니

야 게사부로 역, 현대사상사) —쉬클로프스키, 「기법으로서의 예술」
(1917)은 '낯설게 하기'(눈에 익은 것을 익숙하지 않은 것으로 만드는
것) 이론을 제시한 현대 예술론 중에서 가장 중요한 논문 중 하나.

② 베르톨트 브레히트, 『오늘의 세계는 연극으로 재현할 수 있는가—브레
히트 연극론집』[58](치다 고레야 역, 하쿠수이샤)—나치스에 저항하여 망
명중인 극작가 브레히트가 쓴, 연극적인 '익숙하게 하기와 낯설게 하기'
사이의 줄다리기에 대한 고찰. 쉬클로프스키의 '낯설게 하기'와 비교해
보자.

③ 미하일 바흐찐, 『프랑수와 라블레와 중세·르네상스의 민중문화』[59](가
와바타 가오리 역, 세리카쇼보)—그로테스크 리얼리즘의 발견 등 문화
의 다이나믹한 '죽음과 재생'을 찬미한, 러시아 사상가 바흐찐의 대표적
인 저서. 컬처럴 스터디즈의 이론적 기둥 중 하나.

④ 루이 알튀셀, 『재생산에 대하여—이데올로기와 국가 이데올로기 장
치』[60](니시카와 나가오 외 역, 헤본샤)— 푸코와 데리다의 '스승'격인
프랑스 최고의 마르크스주의자 알튀세르가 문화를 지배하는 갖가지
'장치'를 폭로한다. '문학' 또한 그러한 장치이기 때문에 그 장치를 전복
시키려는 내부의 항쟁이 필요하다.

⑤ 미셸 푸코, 『감옥의 탄생 — 감시와 처벌』[61](다무라 하지메 역, 신쵸샤)

---

58 국역본: 『서사극 이론』, 김기선 역, 한마당, 1989.

59 국역본: 『프랑수와 라블레의 작품과 중세 및 르네상스의 민중문화』, 이덕형 역, 아카넷,
2001.

60 국역본: 『재생산에 대하여』, 김웅권 역, 동문선, 2007.

61 국역본: 『감시와 처벌』, 오생근 역, 나남, 2011.

—근대의 '자유로운 주체'는 사회 제 규칙에 '종속하는 주체'라는 것을 폭로하며 그것과의 대항을 시사한, 소설보다도 재미있는 통쾌한 작품. 철학자 푸코 입문서로 가장 적당하다.

⑥ 에드워드 사이드, 『오리엔탈리즘』[62](곤 사키코 역, 헤본샤) — 유럽이 오리엔트를 지배하기 위해, 그리고 스스로를 확정시키기 위해 만들어낸 '오리엔트'라는 표상을 기술하는 사이드의 대표적인 저작. 제국 일본의 '아시아' 표상과 비교하자. 포스트 콜로니얼리즘의 이론적 기둥 중 하나.

⑦ 베네딕트 앤더슨, 『증보판 상상의 공동체 — 내셔널리즘의 기원과 유행』[63](시라이시 사야, 시라이 다카시 역, NTT출판) — 근대인, 현대인의 사고 전제가 되어있는 '국가'와 '국민'은 원래 있었던 실체가 아니라 근대의 성립 과정 중에 상상되고 만들어졌다는 내용. 국민국가론의 이론적 기둥 중 하나다.

⑧ 안토니오 네그리, 마이클 하트, 『제국』(미즈시마 이켄 외 역, 이분샤) 『다중』(이쿠시마 사치코 역, NHK출판) —세계화 시대의 세계적 지배 시스템으로서 '제국'을 제기하고 그 내부에 생겨나 시스템을 파괴하는 다중(저항에 의해 스스로를 형성하는 다양한 사람들)을 멋지게 그려냈다. 지금 일어나고 있는 '새로운 전쟁'론으로서도 필수적인 책이다.

제2강에서 밝혔듯 에드워드 사이드는 대표적인 저서인 『지식인이란 무

---

62 국역본: 『오리엔탈리즘』, 박홍규 역, 교보문고, 2000.
63 국역본: 『상상의 공동체』, 윤형숙 역, 나남, 2004.

엇인가』에서, 세계를 상대하는 사람은 '사회 안에서 사고하는 아마추어'여야 한다고 말했습니다. ①부터 ⑧에 써둔 저작들은 하나의 연구 영역('일본근대문학연구', '현대문학연구'라는 좁은 전공분야를 포함)을 지키기 위해 필요한 게 아니라, 오히려 그러한 전공의 보수성을 무너뜨리고 다양한 영역을 넘나들며 새로운 견해, 사고방식, 실천을 가능하게 하기 위해 필요불가결한 책이라고 할 수 있습니다.

사회의 참극은 끝없이 이어진다

'현실세계의 호러에 대해 보다 탐구하는 자세를 가졌으면 합니다.'

이번 강의에서는 호러소설의 출현에 대해 구체적으로 이야기하겠습니다.

호러소설이 출현하기 시작했을 무렵, 그에 대해 부정적인 견해도 있었습니다. 예를 들면, 아라마타 히로시는 제1회 일본 호러소설 대상 「심사평」(『야생시대』, 1994년 4월)의 글머리에서 '예상대로 일본에 호러는 존재하지 않았다.'면서 다음과 같은 말을 썼습니다.

지난 십 수 년 동안 일본인은 현실세계의 모든 면에서 공포의 씨앗을 없애기 위해 전력을 기울여 왔다. 생활의 안정, 몸의 안전, 그리고 건강에 대한 집착, 암 선고 회피가 그 예인데, 그 결과 공포를 문학화 하는 정당한 노력까지 게을리 했다. 그런 현상을 문예면에서 무너뜨리자는 취지로 이 소설상이 창설되었는데 후보작 다섯 편을 읽어본 결과, 제1회 공모에는 결국 호러를 그려낸 작품이 없다는 인상이 짙다. (중략) 문학에서의 호러를 생각하기 전에 현실세계의 호러에 대해 더 깊이 탐구하는 자세를 가졌으면 한다. 자신에게 있어 무엇이 호러인지, 무서운 것은 무엇인지. 그걸 찾을 수 없다면, 호러를 쓸 수 없다. 판타지는 만들 수 있지만, 호러는 체험한 것을 재현하는 것이어야만 한다.

이런 말을 들으면, 일본 호러 대상의 창설 의의도 그리 대단한 건 아닌가 싶은 생각도 듭니다. 시대 의식이 전혀 없어 보이기 때문입니다. 단, 이것은 심사위원(엔도 슈사쿠, 게야마 다미오, 다카하시 가쓰히코, 아라마타 히로시) 한 사람의 견해, 게다가 도발적인 말을 좋아하는 아라마타 히로시가 조금 놀면서 쓴 것뿐일지도 모르지요. 그리고 이 시점에서 후반에 서술되는 '현실세계의 호러'라는 것의 실체에 대해서도 더 알고 싶네요. 그러면 아마도 제3차 강의에서 검토한 '해결불가능성'의 시대를 무대로 한 '현실세계의 호러'를 볼 수 있을 것입니다.

같은 심사평에서 아라마타 히로시는 낙선한 반도 마사코의 작품에 대해 이렇게 말했습니다. '제3위 『벌레』에서도 황천충(常世蟲) 이야기를 하는 필연성, 공포성 같은 게 전혀 느껴지지 않는다. 사람들이 이걸 보고 그냥 즉흥적으로 쓴 거라고 생각한다 하더라도 어쩔 수가 없다.'

하지만 반도 마사코는 그 전년도에 『사국死國』(매거진하우스)을 발표하여 토속적 감성에 기초한 독특한 호러의 길을 걷기 시작했습니다. 이미 이런 방향의 필연성과 공포성을 획득한 상태였지요. 우선 반도 마사코의 작품부터 보겠습니다.

1993년 『사국』부터 시작해서 『이누가미』, 『뱀거울』, 『벌레』로 이어지는 반도 마사코의 초기 호러소설에는 '시골호러'라는 호칭이 있습니다. 히가시 마사오가 생각해낸 것 같은데, '시골호러'라는 말은 꽤 잘 만든 표현이죠.

대도시뿐만 아니라 그 주변마저 버블 경제의 맹위에 시달린 직후, 도시에 염증을 느낀 주인공들이 시골로 흘러 들어와서 시골에 퇴적된 방대한 기억과 전승의 미궁에 빠진 끝에 무시무시한 참극을 겪게 되는 내용입니다.

고도성장기 말기인 1970년대에 요코미조 세이시 붐이 일어난 것과 거의 비슷한데, 요코미조 세이시의 '시골'은 중세의 기억에 그치는 데 비해, 반도 마사코의 '시골'은 고대보다 더 오래된 야마토 정권 성립 이전의 시대와 조몬 시대[64]로 가는 통로입니다. 20년 동안 '시골'의 현실감이 깊어진 것은 아닙니다. 오히려 '시골'은 훨씬 더 멀어져갔습니다. 희미한 연결고리가 있다고는 해도, 우리에게 '시골'은 미지의 존재가 되어버렸습니다. 이 시점에 공포의 '시골'이 연이어 출현했습니다. 프로이트 얘기 중에 '억압되고 멀어진 공포의 회귀'라는 말도 있죠.

하지만 '시골'이 그냥 멀어져간 것만은 아닙니다. 사회적 참극, 말하자면 사회적 호러가 선명한 장소가 되었습니다. 2002년에 나온 『선한 귀신이 머무는 곳(善鬼宿)』(신쿄샤)에서 그것을 확인해 봅시다.

---

64 일본의 선사시대 중 기원전 1만3천 년경부터 기원전 300년(약 1만5천 년 전~2천3백 년 전)까지의 기간.

'근대'에 의한 사회적 참극은 지금도 시골을 덮치고 있다

때는 1900년경. 이 소설은 원래 대가족이 누에를 기르며 살았지만, 지금은 어머니와 아들만 살고 있는 수수께끼의 거대한 전통 가옥에 대한 이야기입니다. 작품 중에는 산중을 헤매는 기괴한 사람들의 기구한 이야기들이 계속 이어집니다.── 여섯 개의 이야기가 수록된 『선한 귀신이 머무는 곳』의 줄거리는 이렇습니다.

『선한 귀신이 머무는 곳』도 히단다카야마 산의 산간마을이라는 '시골'을 무대로 하고 있습니다. 따라서 '시골' 호러의 계보에 들어가겠지요. 작품후기에 나와 있듯, 이 이야기는 시라카와고[65] 특유의 대가족제도를 '여자의 집'이라고 표현한 민속학자 미야타 노보루의 견해에서 힌트를 얻어 '대가족제도의 기원에 대해 조사한' 성과입니다. '여자의 집'의 폐쇄적이고 농밀한 세계는, 예를 들면 에이키치와 어머니의 근친상간 묘사의 생생함, 예나 지금이나 변함없이 윤기 흐르는 피부를 가진 어머니의 독특함에 의해 반복적으로 나타납니다. 반도 마사코는 작품 활동 초기부터 '모계'를 중요한 테마로 다뤄왔습니다.

하지만 이는 작품의 한 부분일 뿐입니다. 『선한 귀신이 머무는 곳』에서 느껴지는 무서움은 오히려 그와 다른 점에 있습니다.

그것은 어머니와 아들에게 이야기를 전해주는 사람들에 관련된 것입니

65 기후 현 쇼가와 강 유역의 지명.

다. 마을 아래 구름이 걸려있는 이 산간을 헤매던 사람들은, 모두 나름의 이유로 시가지를 벗어났습니다. 사람들은 어머니와 아들 앞에서 여기까지 도망쳐온 각자의 이유를 이야기합니다. 공포에 잠긴 도시의 이야기, 그리고 공포로 휩싸인 사회적 참극의 이야기를 말이지요.

도사 번 병사들이 프랑스 병사 열한 명을 살해한 센슈 사카이 사건[66]. 미쓰가 할복 사형장에서 목격한 사람은, 언제나처럼 입이 무겁고 사람 좋은 자신의 연인이 아니었습니다. '미쓰는 보자기를 휘감고 사건의 자초지종을 보고 있었다. 젊고 건강한 남자가 자기 몸을 자르고 있다. …… 기다리셨구먼유 ……. 그곳에 있는 사람은 다른 남자. 자기 몸을 마치 다른 사람처럼 잘라낼 수 있는 남자. 여자에 관한 생각 따위는 마음속에서 지우고, 그저 죽음을 향해 달려가는 남자'였던 것입니다.

1879년 여름, 니가타쵸[67]에서 콜레라의 공포를 체험한 소년 신타는 콜레라보다 더 무서운 것을 접했습니다. '마을이 전쟁터가 된 것 같았다. 단, 그 싸움에 상대는 없었다. 마을 주민은 자신들 안에 둥지를 튼 콜레라에 대한 공포와 싸우고 있었다. 눈에 보이지 않는 상대인 만큼 싸우면 싸울수록 무력감만 느낄 뿐이었기에 사람들은 흉포해져 있었다.' 그리고 어떤 남자가 갈퀴와 몽둥이로 살해당합니다.

이 작품이 말하는 공포는 '시골' 특유의 공포가 아니라, 도망쳐온 '시골'이라는 장소에서 비로소 나오는, 도시의 사회적인 참극이 초래하는 공포입

---

66 도사(土佐) 번(현재의 고치 현)의 병사들이 1868년 이즈미노쿠니(현재의 오사카 남서부)에 상륙한 프랑스 해군들을 살상, 익사시킨 사건이 외교 문제로 발전하여, 메이지 정부는 병사들을 사형에 처했다.

67 니가타 현 미쓰케 시에 위치한 마을 이름.

니다.

그리고 실은 이 집의 이야기 또한 사회적이고 거대한 일과 깊은 관련이 있었습니다. 어머니가 말하고 싶어 하고, 아들이 알고 싶어 하는 것은 바로, 대가족제도의 붕괴에 대한 이야기입니다. '내가 철이 들었던 건, 아저씨와 아주머니가 빗살이 부러져나가듯 도망갔을 즈음이었다.' 사람들이 하나둘씩 시가지를 향해 사라지더니, 두 번 다시 돌아오지 않습니다. 사람들은 시가지에서, 그리고 도시에서 사적소유의 마력에 홀려 스스로 망가져갑니다 — 이렇게 느리지만 되돌릴 수 없는 인간관계의 붕괴야말로 가장 무서운 사회적 참극이 아닐까요.

이 집에서 일어난 사회적 참극과 떠돌이들이 말하는 사회적 참극에 관계가 있다는 것은 말할 것도 없습니다. 이야기는 근대라는 시대가 강요했던 사회적 참극의 갖가지 상흔들을 캐냅니다.

반도 마사코가 『사국』으로 데뷔했을 무렵부터 지금까지 '현대'를 대신하는 '야만적 근대'는 시골을 내팽개치고 있고, 그로 인한 사회적 참극은 계속되고 있습니다. '시골' 호러는 우리와 동떨어진 곳에서 일어나는 공포가 아니라, 이 시대가 지닌 잔혹성에 관한 이야기인 것입니다.

청일전쟁 전후 '근대'의 침공이 초래한 사회적 참극을 그린 『봇케, 교테』가, 현재 맹위를 떨치고 있는 세계화라는 이름의 '야만적 근대'를 우리에게 강조하듯 말이죠.

미지의 '인격'을 낳은, 미지의 사건 한복판에서

우리 주변에서 일어난 사회적 참극 중에 1995년 한신아와지 대지진이 있습니다. 당시 발표된 작품을 예로 들자면, 이런 것이 있습니다.

⑬ 이소라: 가장 새로운 인격으로 한신아와지 대지진이 있고 나서 며칠 뒤 나타난다. 지진에 의한 쇼크, 머리 부상, 입원 경험과 관계가 있을지도 모른다. 이 인격은 신조어라기보다 『우게쓰 모노가타리』의 「기비쓰의 솥」[68]에서 유래한 듯하다. 성격에 주어진 의미는 불명(복수에 대한 욕구?). 연령 미상. 눈을 치뜨는 삼백안이며, 눈을 전혀 깜빡이지 않음. 무척 말수가 적어서 원래는 언어능력이 떨어진다고 생각되었으나, 일본어판 실어증검사를 실시한 결과 굉장히 뛰어난 어휘력을 가졌다는 결과가 나옴.

제3회 일본호러소설대상 장편상 부문 가작을 수상한 기시 유스케의 『열세 번째 인격 ── ISOLA ── 』(가도카와호러문고)의 일부분입니다. 수상 당시의 제목은 『ISOLA』. 한신대지진 후 거리에서 초능력을 가진 여성과 다중인격소녀가 만나는 장면으로 시작되는 이야기입니다.

하지만 이 작품이 만들어지기에 앞서 생겨난 것이 있었습니다.

기시 유스케는 지진 당시의 생생한 기억을 더듬어가며 이런 얘기를 합니

---

68 『우게쓰 모노가타리』는 우에다 아키나리(1734~1809)의 에도시대 괴기소설. 중국 구어체 소설의 영향을 받았다. 그 중에 수록된 『기비쓰의 솥』 내용은 다음과 같다.

기비쓰에 여자를 밝히는 쇼타로라는 남자가 있었는데, 이소라라는 여인과 혼인을 한다. 쇼타로는 이소라와 결혼을 한 후에도 밖에서 첩을 만들어 집에 돌아오지 않았다. 남편에게 배신을 당한 이소라는 저주를 걸어 남편의 첩과 남편을 죽음으로 내몬다.

다.

(서른 살 때 회사를 그만두고) 지진이 있기까지 6년간 미스터리와 호러 등 다양한 상에 응모했지만, 모두 예선에서 떨어졌습니다. 지금 생각하면 상을 타는 것만을 목적으로 치밀하게 계산해서 상대의 허를 찌르는 스토리를 만들고 싶다는 생각만 했지요. 지진이 있은 지 한 달 뒤에, 겨우 일을 다시 시작할 수 있겠다는 생각이 들어서 워드 프로세서의 전원을 켠 순간, 저 스스로도 '쓰고 싶다'는 마음이 이렇게 강하구나, 싶어 깜짝 놀랐습니다. -(아사히신문, 2000, 1, 16. 조간)

한신아와지 대지진, 지하철 사린=옴진리교 사건, 미군병사 소녀폭행사건을 계기로 한 오키나와의 격동 등, 종래의 사회적 상상력을 뛰어넘는 어마어마한 사건들이 연달아 터진 1995년 — 앞으로 몇 십 년은 새로운 문학과 이야기 같은 건 만들어지지 않을 거라고 평가되던 이 해 초, 호러소설 분야에서 가장 주목받는 작가 중 한 명이 된 이 남자. 그의 마음속에 그때까지 써오던 이야기와는 전혀 다른 미지의 공간에서, 무언가가 생겨나려 하고 있었던 것입니다.

이 경위에 정말 전율하지 않을 수 없네요.

생겨난 것, 그것은 우선 작가 '기시 유스케'입니다. 그때까지는 아무리 애를 써도 늘 안 좋은 결과만 있었던 기시 유스케의 '몇 번째인가의 인격'이, 바로 한신대지진 이후의 '기시 유스케'가 되어 나타났습니다. 멋진 사건 때문에 나타난 게 아니라 사람들을 공포와 고통과 슬픔의 구렁텅이에 몰아넣은 사건, 도시와 생활과 기억을 한순간에 파괴해버린 사건의 '폐허'에서

탄생한 작가 '기시 유스케'는, 작품 『열세 번째 인격 — ISOLA — 』에 'ISOLA'를 등장시켰습니다.

이 이야기에서는 제목처럼 악마의 인격 'ISOLA'가 가장 눈에 띄지만, 보다 중요한 것은 그 인격을 파악하는 유카리의 존재입니다. 자원봉사자로 활동하는 유카리는 엠파스(공감능력자). '폐허' 즉 '붕괴'를 맞닥뜨린 사람들의 '고통, 증오, 분노, 질투……' 같은 어두운 감정을 이해합니다. 'ISOLA'는 그 중 하나에 지나지 않습니다. 반대로 말하면, 한신대지진은 무수한 'ISOLA'를 낳았다고 해도 좋을지 모릅니다. '기시 유스케'는 사건이 초래한 '호러적인 것'을 확실히 이해할 수 있는 '유카리'였던 것 아닐까요. 그러니까 유카리가 가진 엠파스란, 다시 말해 스플래터 이매지네이션인 것이죠.

사회가 '검은 집' 안으로 쑥 들어가 버렸다

1997년, 제4회 일본호러소설 대상을 수상한 『검은 집』(가도카와호러문고)[69]은, 기시 유스케가 사회 자체에 스플래터 이매지네이션을 끼워 넣은 작품입니다. 생명보험회사 도쿄지사에서 보험금 지불 책정을 담당하는 젊은 사원 와카쓰키 신지에게는, 기시 유스케 자신의 체험이 투영되어 있다고 합니다. 한 자살사건을 미심쩍어하며 조사를 진행하는 와카쓰키 앞에, 보험금을 위해 연이어 살인을 저지르는 무시무시한 사이코패스(반사회성 인격 장애) 고모다 사치코가 시커먼 모습을 드러냅니다.

69 국역본: 『검은 집』, 이선희 역, 창해, 2004.

↑『검은 집』, 기시 유스케 저, 이선희 역.
(창해, 2004)

와카쓰키의 연인 구로사와 메구미는 이 무시무시한 사건을 돌아보며 이렇게 말합니다.

무섭고, 미웠어. 죽여 버리고 싶었어. 그래도, 그렇다고 그 사람을 괴물 취급하면, 내가 지는 거라고 생각해.' 메구미는 부모님에 대해서도 이렇게 말합니다. '정말 평범한 사람이야. 문제는 그 사람들이 공통적으로 가지고 있는 병적인 페시미즘이야. 인생과 세계에 대해 안고 있는, 끝없는 절망. 그 사람들은 자기들이 보는 모든 것에 자신의 어두운 절망을 투영하고 있어. 인간의 선의와 향상심이 좋은 세상을 만들 가능성 같은 건 하나도 인정하려 들질 않아. (중략) 그러니까 그들에게는 세상의 모든 존재, 모든 사건이 필요 이상으로 악으로 넘치는 것처럼 느껴질 거야. 그러니까 그들은 자신을 지키기 위해서 교묘한 트릭을 쓰게 되는 거지. 배신당해도 상처받지 않도록, 그 어떤 것에도 유대감을 갖거나 애착을 느끼지 않아. 그리고 자신들을 위협하는 것에 대해 사악하다는 딱지를 붙이고, 여차하면 마음을 다칠 일 없이 무시할 수 있게 하는 거지. 사회에 진짜 해로운 독을 흘려보내는 건 알기 쉬운 인격 장애를 가진 사람보다도, 오히려 그런, 그냥 보면 평범한 사람들인 것 같아.

그렇다면 '검은 집'이란 고모다 사치코의 집이라기보다, 우리 사회 그 자체라고 할 수 있겠지요. 이 사회가 그야말로 호러하우스라는 것입니다. 『검은 집』은 현대사회 질서가 무너진 곳에서 출현하는 사이코패스를 '사회 전체가 돌이킬 수 없는 파국을 향해 돌진하고 있다는 증거'로 그려낸 걸작입니다.

OUT하는 여자들

기리노 나쓰오의 『OUT』(고단샤)에서 가장 충격적인 것은 시체를 해체하는 처참한 부분일 것입니다. 시체를 갈기갈기 자르고 그것을 몇 십 개의 비닐봉지에 나누어 버립니다. 시체 해체작업이 보통 가정에 있을 법한 욕실에서 이루어지는 것도, 일상생활과 대비되어 그 처참함을 더욱 돋보이게 합니다.

"우선 관절별로 자르고 난 다음에, 다시 되도록 작게 자르는 게 좋지 않을까?" 요시에가 식칼이 잘 갈렸는지 확인하면서 대답한다. 손이 부르르 떨리고 있었다. 마사코는 겐지의 울대뼈 아래 있는 경추 간격을 손끝으로 만지작거리며, 있는 힘껏 식칼을 넣었다. 뼈에 바로 닿아서, 엄청난 양의 걸쭉하고 검붉은 피가 흘러나왔다. …… 눈 깜짝할 사이에 비닐 시트가 피바다로 변했다. 마사코는 당황하며 배수구 그물을 빼냈다. 점도 높은 피가 소용돌이치며 흘러들어간다. 이것과는 전혀 상관없는 어제 쓴 목욕물과 겐지의 피가 하수도에서 합쳐진다고 생각하니 묘한 기분이 들었다. 마사코의 장갑 끝이 순식간에 들러붙어서 손가락이 움직이지 않았다. 요시에가 호스를 찾아 수도꼭지에 끼우고 피를 흘려보내주었다. 하지만 좁은 목욕탕은 피비린내로 가득차서 숨이 콱 막혀왔다.

사람들은 『OUT』이 1998년 나오키상 수상을 놓친 것을 두고 '절망만 있고 희망이 없기' 때문이라는 얘기를 했는데, 정말 이 작품에는 '절망' 이상으로 '절망'을 해부하는 듯한 처참함이 넘칩니다.

『OUT』에는 네 명의 여자가 등장합니다. 제각기 가정의 문제를 안고, 히가시무라야마 시에 있는 도시락 공장에서 함께 야근을 하는 여자들입니다. 외모에 콤플렉스가 있는 조노우치 구니코(33세)는 멋 부리기를 좋아하고 소비자 금융회사에서 받은 대출이 꽤 있는데 사이가 안 좋았던 남편도 사라져서, 결국 막다른 곳에 다다릅니다. 남편을 먼저 떠나보낸 아즈마 요시에(50대 중반)는 거동을 못하는 시어머니와 함께 살면서 딸 수학여행비도 못 낼 정도로 빈곤한 생활에 허덕입니다. 아이가 아직 어린 야마모토 야요이(34세)는 굉장한 미인이지만 남편이 신주쿠 가부키쵸에서 도박과 여자에 미쳐 거의 모든 저금을 탕진하고 있다는 것을 알게 됩니다. 이야기의 주인공, 가토리 마사코(43세)는 오랜 세월 근무해온 신용금고에서 정리해고 당한데다가, 몸도 마음도 멀어진 남편과, 엄마와는 거의 말도 하지 않는 아들과의 생활에 힘들어합니다. 그리고 어느 날 야요이가 남편 겐지를 목 졸라 죽인 사건 이후, 네 주부들의 처참하고 처절한 이야기가 시작됩니다. ……

『OUT』에는 일반 미스터리에 단골로 등장하는, 사건을 중심으로 한 '쫓는 자'와 '쫓기는 자'라는 구도가 없습니다. 살인 후 시체를 해체한 사건이 네 주부의 소행이라고 추리한 형사도 이야기의 중심과는 관련이 없습니다. 이야기의 중점은 '범인'을 추적하는 것보다도 사건의 리얼리티를 강조하는 데에 있습니다.

남자들의 '붕괴', 아이들의 '붕괴'는 '주부'의 눈으로 보면 모두 응석에 지나지 않습니다. 또한 버블 붕괴기에 마사코가 긴 세월 근무한 회사에서 정리해고 당했다는 것은, 불황 속에서 가장 먼저 피해를 본 사람이 여성이라는 것을 의미합니다.

↑ 『아웃 1. 2』, 기리노 나쓰오 저, 김수현 역.
(황금가지, 2007)

이런 주부가 붕괴를 받아들이기만 하는 존재라는 데 그치지 않고, 자신을 파멸시킨다면 어떻게 될까요? 그러한 발상에서 시체 해체라는 처참한 사건이 만들어진 것입니다. 작고 어두컴컴한 목욕탕에서 구역질을 하면서도 시체를 해체하는 주부들의 뒷모습에서는, 드디어 '붕괴'에 다다랐다는 안도감마저도 느껴집니다. '붕괴'를 접한 해방감. '호러적인 것'에 직면한 자의 해방감입니다. 독자가 『OUT』의 충격적인 시체 해체 장면을 보며 경악하면서도 그것을 거부할 수 없었던 것은, 그 '붕괴'를 남의 일이라고만 생각할 수 없었기 때문이었을 것입니다.

밖으로부터의 파열, 안에서부터의 파열

무라카미 류의 『인 더 미소수프』(요미우리신문사)는 1997년 1월 27일부터 같은 해 7월 31일까지 요미우리신문 석간에 연재되었습니다.

외국인 관광객을 상대로 윤락가 안내를 하는 겐지에게 있어 프랭크는 처음 만났을 때부터 이상한 인물이었습니다. 외모가 굉장히 평범한데, 오히려 그 때문에 얼굴이 인공적으로 보여서 겐지가 만난 미국인 몇 백 명 중 그와 비슷한 사람이 한 명도 없습니다. 키는 작고 머리숱이 없으며 약간 통통하고, 얼굴도 삭았습니다. 옷도 싸구려입니다. 눈에 띄는 점은 아무것도 없지만, 겐지는 그에게서 '거짓의 기운' 비슷한 것을 느낍니다.

프랭크를 데려간 술집에서 겐지는 무시무시한 파열을 목격하게 됩니다. 터무니없는 청구 금액을 들은 프랭크는 점장과 호스티스와 손님 여덟 명을 차례로 덮칩니다. 프랭크는 칼로 목을 도려내고 손으로 눈알을 후비고, 라이터로 얼굴을 지집니다.

…… 프랭크는 이 가게에 있는 모든 이의 이미지를 파괴했다. 눈앞에서 인간의 목을 완전히 도려내는 것을 본 적이 있는 사람은 이 나라에 거의 없다. 잔인하다거나 불쌍하다거나 무섭다거나 아플 것 같다는 생각을 할 여유는 없다. 다섯 번째 여자의 목을 도려냈을 때, 이상하게도 피는 거의 없었는데 속에 검붉고 미끈미끈한 것이 보였다. 성대 근육이었던 것 같다. 그것은 목을 찢지 않으면 안 보이는 것이며, 보통 때는 피부에 싸여 감춰져있다. 하지만 우리는 그것이 인간의 육체 일부라는

것을 어디에선가 배워 알고 있고, 그런 걸 보고 나면 자신이 해야 할 다음 행동을 상상할 힘을 잃는다. 우리가 리얼한 것이 모습을 드러내지 않는 장소에서 살고 있기 때문이다. 다섯 번째 여자의 목 틈에서 천천히 피가 흘러내렸다. 피는 빨간색이 아니라 검은색으로 보였고, 나는 그게 간장과 똑같은 색이라고 생각했다. 내 몸은 경직되어 움직이지 않았다. 목과 어깨와 머리 뒤쪽이 마비되어 차갑다. 프랭크가 눈앞에 칼을 들이댄다고 해도, 고개를 옆으로 돌리지도 못하겠지. 시간이 묘한 형태로 흘러가고 그게 눈에 보이는 듯한 기분이 들었다.

↑ 『미소수프』, 무라카미 류 저, 정태원 역
(태동출판사, 2008)

　단행본에서는 거의 스무 페이지에 걸쳐 기술된 프랭크의 살해 장면은 미국 영화에 단골로 등장하는 연쇄살인범의 살해 장면과도 비슷하지만, 호러영화와 호러만화 등으로는 아마 그려낼 수 없을 리얼함을 보여주고 있다고 해도 되겠지요. 리얼함은 이 장면을 고요하고 차갑게 그렸다는 점에 있습니다. 우리는 화자인 겐지의 냉정한 태도에 주목해야 합니다. 프랭크의 파열과 살해당한 사람들의 신체와 정신의 파열을, 하나하나 진지하게 마주하고 그 파열을 하나도 놓치지 않으려는 화자의 자세. 파열 하나하나를 자신의 문제로 받아들이고 자신의 '말'로 변환해가는 화자의 자세는, 소설 고유의 특성을 활용한 것일 테지요.

이러한 화자의 자세에서는 사람들의 파열이 이상하고 우발적이라는 생각이 아니라, '리얼한 것이 모습을 드러내지 않는 장소'에 있기에 남들이 안보고 지나치는 것들을 모조리 지켜보고 느껴야겠다는 열의가 느껴집니다.

프랭크의 파열이 일본 사회의 기묘한 시스템과 인생을 밖에서부터 습격하는 것인 데 비해, 겐지의 시선은 그것을 안에서부터 파악하려 한다고 해도 되겠지요.

'아이가 저지른 살인에는 원인이 없어'

그리고 실은 이 때, 또 하나의 '괴물'이 내부에서부터 파열하면서 내적 파괴를 겪고 있었습니다. 무라카미 류는 '작가 후기'에 이런 말을 남겼습니다.

작품 속에서 프랭크가 가부키쵸의 술집에서 대량 살인을 했을 때, 고베 스마구 사건[70]이 일어났다. 그리고 연재 마지막 부분에서 프랭크가

---

70 1997년 고베시 스마구에서 발생한 당시 14세 중학생에 의한 연쇄살인사건. 2명 사망, 3명 중경상을 입음. 공통적으로 지나가는 사람을 갑자기 덮친 점과 시체에 심한 손상을 입힌 점, 특히 피해자의 두부가 '성명문'과 함께 중학교 정문 앞에 놓인 점 등으로 미루어

자신의 반평생을 고백하려고 했을 때, 열네 살 소년이 용의자로 체포되었
다.

이어서 요미우리신문에 쓴 에세이를 인용해 보겠습니다.

소설 막바지 즈음에 나오는 프랭크의 고백 장면에서는 상상력과 현실
이 내 안에서 싸웠다. 현실은 상상력을 침식하려 했고, 상상력은 현실을
무너뜨리려 했다. 그런 일은 22년간 소설을 쓰면서 처음 있는 일이었다.

물론 프랭크와 고베의 사카키바라 소년은 다릅니다.
하지만 그것은 그 둘이 완전히 동떨어진 성질의 것이라는 게 아니라,
각각 일본이라는 사회 시스템에서 벌어진 '밖으로부터의 파열'과 '안에서
부터의 파열'을 의미한다는 차이입니다.
'아이가 저지른 살인 원인을 찾아내서 모두 안심하고 싶을 뿐이지. 아이의
살인에는 원인이 없어. 어린 애가 미아가 되는 것에 원인이 없는 거랑 똑같아'
라고 말하는 프랭크의 고백에서, 프랭크와 소년의 파열이 모두 돌발적인
파열이라는 공통점을 지닌다는 것을 알 수 있습니다.
『인 더 미소수프』가 발표되고 10년이 지났는데, 그 처참하고 강렬한 파열
은— 지금 우리 사회 내부의 파열은 지나치게 진행되어, 그것이 파열로
보이지 않게 되었는지도 모릅니다.

보아 연쇄살인사건으로 결론짓고 수사했는데, 범인이 '평범한 중학생'이라는 사실이 사회를
충격에 빠뜨렸다.

반동

악한 자를 무찌르면 선한 자는 구원 받는다

'새로운 전쟁'을 예측한 『모방범』

일곱 번째 강의네요. 저번 강의에서는 호러소설의 출현에 대한 이야기를 했습니다.

새로운 것의 출현에는 반드시 반동反動이 뒤따릅니다. 그 출현이 화려하면 할수록, 반동도 재빠르게 새로운 것을 공격하지요. 출현하는 쪽에서도 그러한 반동을 어느 정도 예측하고 있어, 곧바로 방어 태세를 갖춥니다. 하지만 호러소설의 출현을 덮친 것은 단순한 반동이 아니라, 그 반동을 한층 더 부추기는 전쟁이었습니다. 게다가 일반적인 전쟁이 아닌 '새로운 전쟁', '테러와의 전쟁'이라 불리는 새로운 스타일의, 사상 최악의 전쟁이었지요. 이번 강의에서는 바로 이 반동의 의미를 띠는 활동을 했던 두 작가,

↑ 미야베 미유키, 『모방범』
(양억관 역, 문학동네, 2012)

미야베 미유키와 무라카미 하루키의 작품을 구체적으로 검토해 보도록 하겠습니다.

미야베 미유키의 『모방범』[71](쇼가쿠관)의 도입부는 무척 자극적입니다. 수많은 독자들이 『모방범』에 매료된 이유가 바로 이 도입부에 있습니다. 카드빚으로 파산하여 국가로부터 버림받은 사람들을 그린 걸작 『화차』[72](후타바샤, 1992), 버블붕괴 후의 유사疑似가족[73]을 다룬 수작 『이유』[74](아사히신문사, 1997) 등을 발표해온 미야베 미유키가, 자신의 역량을 아낌없이 발휘한 훌륭한 도입부라고 할 수 있습니다. 어두운 매력으로 가득 차 있지요. 예를 들어, 반反미스터리적 요소라고 할 수 있는 세부

71 미야베 미유키의 대표작으로 평가받는 『모방범』은 2001년 일본에서 출간되어 경이로운 판매고를 올리고 마이니치 출판 문화상 등 5개 상을 휩쓰는 등 대중성과 작품성을 동시에 인정받았다. 도쿄의 어느 공원에서 한 여자의 오른팔과 핸드백이 발견되면서 시작되는 이 이야기는 사건의 핵심이 되는 인물뿐 아니라 사건에 관련된 모든 인물들을 인간적으로 묘사하고 있으며, 단순한 범죄극 이상의 것을 그려냈다는 평가를 받았다. 국역본: 『모방범』, 양억관 역, 문학동네, 2012.

72 국역본: 『화차』, 이영미 역, 문학동네, 2012.

73 호적이나 혈연상의 관계가 아닌, 생활양식이나 편의적인 관계로서의 가족. 생활 속의 역할 분담이나 그 성격에 있어서는 마치 가족과도 같은 위치와 의존성을 가지며 타인의 눈에는 흡사 가족처럼 보이나, 실질적인 가족관계는 아님.

74 국역본: 『이유』, 양억관 역, 문학동네, 2012.

묘사의 남발, 주도면밀한 동기부여. 연속되는 사건과 고통 받는 사람들. 어떤 해결책도 찾아내지 못하고 결국 내적 파괴에 이를 수밖에 없는 '호러적인 요소'의 표출. 더불어 적당한 템포의 문체, 빠른 장면전환, 과거―현재―화자의 '지금' 간의 안정된 시간처리 등. 작가는 도입부에 소설 특유의 각종 기법을 구사하고 있습니다.

이렇듯 매우 자극적인 도입부로 시작되는 『모방범』은 많은 독자들을 '읽기 전쟁'의 세계로 유혹했습니다.

9·11 테러를 시발점으로 하는 일련의 사건들을 접하면서, 저는 기묘한 기시감에 사로잡혔습니다. 그리고 곧 그 기시감의 일부가 2001년 봄에 출판되어 오랜 시간 베스트셀러에 올라있던 『모방범』에서 온 것이라는 걸 깨달았지요. 부시 대통령의 말을 빌려서 그 일련의 사건들을 '새로운 전쟁'이라고 칭한다면, 『모방범』은 '새로운 전쟁'에 참전한 일본의 '새로운 전쟁 문학'이라고 할 수 있겠죠.

'새로운 전쟁의 시대' 속에서, 이 작품은 단순한 '전쟁문학' 이상의 의미를 가질지도 모릅니다. 한편에는 피해를 입었다는 점을 제외하면 순수하고 때 묻지 않은 질서를 만들어 놓고 다른 한편에는 가해자로서의 모든 악을 갖춘 파괴자를 선명하게 그려낸 후, 파괴자를 '인간쓰레기'로 만들어 '선량한 사람들'로부터 격리시키고 말살시켰으니까 말이죠. 게다가 미야베 미유키는 지금까지 많은 독자들에게 '새로운 전쟁'을 각인시키고, '새로운 전쟁'이 시작되기 전에 앞서 '읽기 전쟁'―― 즉 이야기를 읽는 것을 통해서만 참전할 수 있는 '전쟁'으로 이끌어 왔던 작가입니다. 미야베 미유키의 애독자였던 저는 『모방범』을 읽으면서 적잖은 실망감을 느꼈습니다.

세부細部의 과잉, 떠오르는 세계

『모방범』은 이렇게 시작됩니다.

1996년 9월 12일.

쓰카다 신이치는 시간이 꽤 흐른 뒤에도 그날 아침 자신이 한 행동을 사소한 것 하나까지 정확히 떠올릴 수 있었다. 그 때 무엇을 생각했는지, 잠에서 막 깨어났을 때 기분이 어땠는지, 늘 걷는 산책로에서 무엇을 보았는지, 누구와 스쳐 지나갔는지, 공원 화단에 어떤 꽃이 피어있었는 지 등등의 아주 사소한 일까지도. (중략)

그는 그 날 아침 2층 방에서 나와 계단을 내려오는 도중에 신문함이 달그락거리는 소리가 들렸던 것을 기억하고 있다. 평소보다 좀 늦었다고 생각하며 계단 모퉁이 쪽 벽에 나 있는 창밖을 흘긋 보니, 때마침 회색 티셔츠 소매를 말아 올린 통통한 체격의 신문배달부가 탄 스쿠터가 바로 집 앞을 지나가고 있었다. 그가 입은 티셔츠의 등에는 우라와 레드 의 팀 마크와 마스코트가 프린트 되어 있었다.

현관문 체인을 풀고 있자니, 그의 기척을 느낀 록키가 앞뜰에서 짖기 시작했다. 쇠사슬을 짤랑거리며 반가워하고 있었다. 신이치가 문을 열 자, 록키는 반가움을 온몸으로 표시하며 쇠사슬이 팽팽해질 정도로 발돋 움하여 달려들려고 했다. 그 때 신이치는 록키의 배 부분 털 숱이 묘하게 줄어서 피부가 들여다보이는 것을 발견하고 싸움이라도 한 건가, 생각했 다.

　'사소한 일'에 대한 서술은 여기서 그치지 않고 그 후에도 계속 이어집니다.

　변화가 일어나자, 여태껏 흐릿하고 막연하기만 하던 세계는 아주 선명하게 그 모습을 드러내기 시작합니다. 그 '사소한 일'(세부) 하나하나가 마치 그 자체가 변화인 것처럼 강렬한 인상을 남기지요. 『모방범』의 도입부는 변화(비非일상적인 사건)로 세계에 빛을 비추어 그 구석구석까지 남김없이 드러냅니다. 미스터리라는 장르의 특성을 잘 활용함과 동시에 '커다란 사건'이라는 미스터리의 전제조건을 뒤흔들어 놓는 서술이라고도 할 수 있지요.

　미야베 미유키뿐만 아니라 노나미 아사, 기리노 나쓰오, 다카무라 가오루 등, 최근 10년 사이에 잇달아 등장한 여성 미스터리 작가의 작품에 두드러지게 나타나는 특징이 바로 이러한 세세한 묘사 —— 그것도 사건과는 직접적인 관련이 없는 사소한 일들에 대한 묘사입니다.

　『모방범』의 도입부는 이러한 특징이 가장 뚜렷하게 드러난 단적인 예라고 할 수 있습니다. 게다가 『모방범』은, 예를 들어 다카무라 가오루가 시대를 가득 메운 세부 요소에 깊은 관심을 가지기 시작하면서 미스터리와는 이별을 고한(『하루코 정가』, 2002) 것과는 반대로, 미스터리인 것을 계속해서 확인하는 방향으로 이야기를 전개시켜 나갑니다. 우선, 『모방범』에서 제시되는 사소한 일들은 '호러적인 요소'가 충분한 잔인한 사건에 의해 의미를 부여받기 시작합니다. 작가는 위의 인용문의 '중략' 부분에 이런 말을 썼습니다.

그렇게 모든 일을 꼼꼼히 머릿속에 새겨두는 습관이 최근 1년 사이에 완전히 몸에 배어버렸다. 매일 순간순간을 사진을 찍듯이 상세하게 기억해 두기. 대화 하나하나, 사소한 풍경 하나까지도 놓치지 않고 머리와 마음속에 보존해 두기. 그것들은 언제, 어디서, 누구에 의해 왜곡되고 파괴되어 문제가 될지도 모르는 아주 약한 것들이기 때문에 제대로 파악해 두어야만 하는 것이다.

해결불가능성의 암흑 속으로

쓰카다 신이치는 1년 전 가족에게 일어난 끔찍한 사건 때문에 그런 습관을 가지게 된 것입니다. 그 사건은 바로, 신이치가 집을 비운 사이에 부모님과 여동생이 무참히 살해된 사건이지요.

이야기는, 여전히 그 참극에서 벗어나지 못하고 있는 신이치에게 또 하나의 참극이 벌어지면서 전개됩니다. 신이치는 록키를 데리고 공원에서 산책을 하던 중, 평소 알고 지내던 소녀가 기르는 개인 킹이 쓰레기통에서 고약한 냄새를 풍기는 갈색 종이봉투를 꺼내는 것을 보게 됩니다…….

사람의 손이었다. 팔꿈치 아랫부분. 손가락 끝이 신이치 쪽을 향해 있었다. 마치 손가락으로 이쪽을 가리키며 손짓하듯이. 호소라도 하듯이.

킹의 주인이 이른 아침 공기를 가르듯 날카로운 비명을 지르기 시작했다. 신이치는 그 자리에 우뚝 서서 반사적으로 손을 들어 귀를 막았다.

이와 비슷한 일이 불과 1년 전에도 있었다. 같은 일이 반복되고 있다. 비명, 피, 그리고 그저 우두커니 서 있는 나. 신이치는 무의식중에 한발 한발 뒷걸음치기 시작했다. 그러나 손짓하는 손, 죽은 팔에서 눈을 떼지는 못했다. 그 손의 손톱은 화단에 흐드러지게 피어있는 코스모스 꽃잎 색과 비슷한 연보라색으로 물들어 있었다.

'같은 일이 반복되고 있다. 비명, 피, 그리고 그저 우두커니 서 있는 나' ── 사건은 계속해서 일어납니다. 한 사건의 끝은 또 다른 사건의 시작에 불과한 것입니다. 같은 일이 반복되고, 그 반복은 '해결'이라는 말을 무력하게 만들지요. 이야기는 사소한 요소들을 나열함으로써 커다란 사건을 구성해 나가는 미스터리적인 방향으로 진행되는 듯 보이지만, 정작 말하고자 하는 것은 미스터리적인 '해결'이 불가능하다는 것입니다.

단, 이러한 미스터리적인 것의 불가능성은 이미 『화차』[75]나 『이유』를 접한 사람에게는 결코 뜬금없는 것이 아닙니다. 『화차』는 사건 해결을 코앞에 두고 이야기가 끝이 나고, 『이유』에서는 이미 일어나버린 사건에 대한 해결 없이 그 사건이 일어난 이유에 대해서만 말하고 있기 때문입니다.

그런 의미에서 『모방범』은 『화차』나 『이유』와 비슷하지만, 『모방범』은 그것들을 보다 더 어두운 사건의 암흑 속으로 몰아넣습니다. 이 이야기에는 미스터리적인 것의 불가능성에 비명과 피의 연쇄가 더해져 있기 때문이

---

75 사채 빚으로 인한 개인파산자의 비극을 다루고 있는 작품. 휴직 중인 형사 혼마가 조카의 실종된 약혼녀 세키네 쇼코를 찾아 나서며 이야기가 시작된다. 거품경제가 붕괴한 직후인 90년대 초의 일본 사회상을 생생하게 그려내면서 폭발적인 반응을 얻었다. 2012년 한국에서 영화화 됐다.

지요. 여기에서 우리는 1990년대에 '미스터리에서 호러로' 엔터테인먼트의 주역교체가 눈에 띄게 진행된 점을 확인할 수 있습니다. 과연 『모방범』의 저자 미야베 미유키는 '호러적인 것'을 통해 미스터리적인 사건 해결이 불가능하다는 것을 말하고자 했던 걸까요? 『모방범』의 도입부에는 미야베 미유키의 의욕적인 시도뿐만 아니라, 현재의 미스터리와 호러의 모습이 반영되어있다는 점에서 무척 흥미롭습니다. 하지만……

우열愚劣화로 더 부각된 우월優越화

하지만 딸을 유괴당한 부모가 겪는 긴 밤이 너무 자세히 묘사되면서, 이야기는 갑자기 속도와 박자를 잃어버립니다.

이제 막 시작된 이야기가, 처음부터 포기한 듯 보이던 끝을 향해 —— 바로 사건의 '해결'을 향해 흘러가기 시작하는 것이지요. 후에 이어지는 이야기의 대부분은 제목 그대로 '모방범'이라는 사건의 윤곽(해결과 직결되는)을 그리는 데 할애됩니다. 아주 긴 분량이지만, 전개가 복잡하지는 않습니다. '피스', 즉 아미가와 고이치와 구리하시 히로미가 일으킨 여성유괴 연쇄살인 사건을 설명하고 있을 뿐이지요. 아마도 많은 독자들이 지루함을 느꼈을 그 길고 장황한 이야기는 이윽고 진의眞意를 드러냅니다. 독자가 '이제 됐어. 알겠어.' 라고 느끼며 이야기에 흥미를 잃기 직전까지, 작가는 의도적으로 사건과 모방 그리고 범인에 대해 지루한 이야기를 나열합니다. 범인을 '모방범'으로 그리는 것은, 단적으로 말하자면, 범인을 철저히 열등한 사람으로 그려내는 것을 의미합니다.

범인들의 시점으로 길고 지루한 이야기가 진행되는 사이 범인의 '우열화'는 착실하게 이루어집니다. '그들이 우리가 살아있는 인간이라는 것을 알아채서는 안 돼. 정체를 알 수 없는 괴물이라는 인식을 심어주는 편이 우리에게 훨씬 유리하다고.' '진정한 완전 범죄. 진정한 악이 뒷받침 된 가볍지 않은 범죄는, 제대로 된 교양을 갖춘 인간의 손으로만 이룰 수 있는 거야.'

이야기 끝부분에는 따분하다 싶을 만큼 길게 묘사되어 온 열등한 존재를 향한 말들이 쏟아집니다. '원숭이 흉내예요. 원숭이 흉내. 아주 대단한 모방범이에요. 읽으면서 제가 다 부끄러울 정도였지요.' '비열한 놈이야. 물러나야 할 때를 모르는 놈이지.' '넌 결국 흉내만 내는 원숭이에 지나지 않아.' '인간쓰레기 같은 놈.' 등등. 범인을 열등하게 만드는 말들이 범인을 향해 잇달아 던져지지요.

게다가 범인을 열등하게 만드는 작업은 그저 범인을 범인답게 만드는 선에서 그치지 않습니다. 사건의 피해자는 범인 이외의 모든 사람들을 구제하고 자신을 우월하게 만드는 존재가 아닙니다. 그저 어리석은 범인에게 살해를 당하는 것, 그것만으로 자신의 '훌륭함'을 입증해낼 수 있는 존재일 뿐이지요. 사실, 피해자를 이 정도로 열등하게 그려내는 방법도 없을 것입니다.

이야기의 도입부에서는 연달아 일어나는 사건을 지켜보며 그저 넋을 놓고 우두커니 서 있기만 했던 소년 쓰카다 신이치도, 이야기가 끝나갈 무렵에는 이런 말을 하는 사람으로 '성장'합니다.

"하지만 조심해야 해" 신이치는 말을 이어나갔다. "이 세상에는 나쁜 인간이 아주 많아. 우리처럼 굉장히 괴로운 일을 겪고, 혼자서는 도저히 어쩔 수가 없어서 방황하고 고통스러워하는 사람에게조차도 무언가를 쥐어짜서 뺏거나, 속이거나, 이용하려고 하는 인간으로 넘쳐난다고.”

은빛으로 꽁꽁 언 비가 줄기차게 내리고 있었다. “하지만 그렇지 않은 사람도 얼마든지 많을 거야. 그러니까 너는 그런 사람들을 찾도록 해. 너를 진짜로 구해줄 수 있는 사람을 말이지. 내가 할 수 있는 말은 이것뿐 이야.”

『모방범』은 소년 쓰카다 신이치의 ‘성장기’로도 읽을 수 있습니다. 엄청 난 분량의 이야기를 통해 그려낸 너무나도 단순한 ‘악인惡人과 선인善人’ 구분을 ‘성장’의 증거로 부여하는 작품에는 도대체 어떤 의미가 있는 것일 까요?

어두운 부분은 철저히 배제되었다

이야기는 마치 그러한 의문을 스스로 해소시키려는 듯, 가장 마지막 부분 에 ‘지키는 사람’을 등장시켜 구분의 완성을 꾀합니다. 이야기의 주요 등장 인물 중 하나인, 손녀딸이 살해당한 노인의 가게 앞에서……

“아저씨가 만든 두부, 참 맛있었어.”

빛바랜 간판을 올려다보면서, 젊은 엄마가 어린 딸에게 말했다.

“아빠가 여기 두부를 참 좋아했었는데.”

“맞아” 어린 딸도 말했다. 사랑스러운 그 얼굴. 젊은 엄마는 갑자기

가슴이 뜨거워지는 것을 느꼈다. 이 아이를 지키고 싶다. 무슨 일이 있어도, 이 아이만은 불행으로부터 지킬 것이다. 반드시 지켜낼 테니, 하느님, 부디 제게 그럴 수 있는 힘을 주세요.

"아저씨, 기운 내고 계시겠지?" 엄마는 딸에게 웃어보였다. "그럴 거야" 딸이 대답했다. "이제 그만 장보러 갈까?" "응." 두 사람은 손을 잡고 걷기 시작했다.

이야기의 조각들이 결국은 모두 허구에 지나지 않았음을 자발적으로 폭로하고 있습니다. 가족애로 넘쳐나는 젊은 어머니. 엄마 말을 그대로 따라하는 순종적이고 귀여운 딸. 느닷없이 튀어나오는 '하느님', 거듭 반복되는 '지킨다'라는 말.

이 부분에서는 아이를 학대하고 결국 아이를 죽이기까지 하는 엄마나 가족에게 마음을 닫아버린 아이들 같은, 현재의 부모 자식 관계에서는 보이지 않는 어두운 부분이 모두 자취를 감춥니다. 선과 악의 구분이 '악'을 배제하는 것에 그치지 않고, '선'에 존재하는 절실한 문제까지 덮어버린 것이라고 할 수 있지요.

조금 불쾌하다 싶을 정도로 허구화 된 '악인과는 거리가 먼 선량한 사람들'이 손을 잡는다 ─ 그것을 아주 절실한 '희망'으로 간주하는 것도 불가능한 것은 아닙니다. 그러나 이러한 허구를 가장 마지막 부분에 배치할 수밖에 없는 이야기는 실패한 이야기라고 할 수 있습니다.

무라카미 하루키의 '두 여자를 지켜야만 하는' 이야기

선과 악의 구분, '선을 지키는 사람'이라는 결말, 단순하기 짝이 없는 이야기. 그러나 이 이야기가 많은 독자들을 매료시켰다는 사실이 말해 주는 것처럼, 이 소설은 결코 특이한 존재가 아닙니다. 1995년 이후, '동시대'와의 관계를 강하게 의식하기 시작한 작가들도 이와 비슷한 이야기를 쓰기 시작했지요. 2000년 1월에 발표된 무라카미 하루키의 『신의 아이들은 모두 춤춘다』(신초샤)[76]가 바로 그런 작품입니다. 그 작품에 수록된 연작 「지진 후에」(1~6)를 매듭짓는 작품 「벌꿀 파이」는 다음과 같은 장면으로 끝납니다. 작가 준페이가 대학시절 절친한 친구였던 다카쓰키와 이혼한 사요코와 결혼을 결심하는 장면입니다.

날이 밝고 사요코가 잠에서 깨면, 바로 청혼하자. 준페이는 그렇게 결심했다. 더 이상 고민하지 말자. 한시도 낭비할 수 없어. 준페이는 조용히 침실 문을 열고, 이불속에 푹 파묻혀 잠들어 있는 사요코와 사라를 응시했다. …… 그는 침대 옆 바닥에 깔린 카펫에 앉아 벽에 기댄 채로 밤을 지새웠다.

준페이는 벽에 걸린 시계바늘을 바라보면서 사라에게 들려줄 이야기의 뒷부분을 생각했다. 마사키치와 돈치키의 이야기다. 먼저 이 이야기의 결말을 생각해야만 한다. 돈치키를 그렇게 동물원에 보내면 안 돼.

76 1995년 일본을 강타한 고베 대지진을 모티프로 쓴 단편소설집으로, 하루키 최초의 3인칭 연작소설이다. 어느 날 갑자기 들이닥친 대재앙으로 불행을 겪게 된 사람들이 그 아픔과 상실감을 어떻게 극복해 가는지를 그리고 있다. 국역본: 『신의 아이들은 모두 춤춘다』, 김유곤 역, 문학사상사, 2000.

이야기에 희망이 있어야 해. 준페이는 이야기의 흐름을 처음부터 되짚어 보았다. 그러는 사이에 그의 머릿속에 막연한 아이디어가 싹텄고, 차츰 구체적인 형태를 띠어가기 시작했다. (중략)

사라는 분명 새로운 결말을 마음에 들어 할 것이다. 아마 사요코도 그렇겠지.

지금까지 쓴 소설과는 전혀 다른 소설을 쓰자고, 준페이는 생각했다. 날이 밝아 세상이 환해지면, 그 빛 속에서 사랑하는 사람들을 꼭 안아줄 수 있기를, 누군가가 꿈꾸고 기다리고 있는 듯한 그런 소설을. 하지만 지금은 일단 이 곳에서 두 여자를 지켜야만 한다. 상대가 누구건, 이상한 상자 속에 들어가게 놔두진 않겠어. 설령 하늘이 무너져 내린다고 해도, 땅이 굉음을 내며 갈라진다고 해도.

준페이의 이러한 결심은, 무라카미 하루키의 이전 소설에서는 찾아볼 수 없는 것입니다. 그렇기 때문에 그 결심을 내리는 첫머리에서 '결정했다'는 표현을 반복적으로 사용했겠지요. 그렇게 한번 결단을 내린 준페이는 계속해서 뻔뻔스러울 정도로 터무니없는 결심들을 하게 됩니다.

우선, 잠들어 있는 여자와 아이를 남자가 지키지 않으면 안 된다는 결심을 합니다. 전형적인 아이와 어른의 역할 고정, 여자와 남자의 역할 고정, 이 둘의 결합이라고 할 수 있습니다. 그리고 이야기에 '출구'와 '희망'이 존재해야 한다는 결심이 있습니다. '이야기'를 변화시킴으로써, 결코 변하지 않을 현실에 대처해 보겠다는 생각이겠지요. 인용에서는 생략했지만, 그 다음으로 '시장'에서 성공할 수 있는 재능을 추구해 나가겠다는 결심을 하기도 합니다. '시장'에서의 성공이 행복으로 이어질 것이라는 사고방식

↑ 『신의 아이들은 모두 춤춘다』,
무라카미 하루키
(김유곤 역, 문학사상사, 2000)

이지요, 더 나아가, 환한 빛 속에서 사랑하는 사람들을 꼭 끌어안겠다는 결심. 이 결심은 환하게 내리쬐는 빛을 방해하는 모든 사건, 또한 거기서 출현하게 될 그 모든 것들을 파괴자로 여기고 배제해 나가겠다는 결심의 확인으로 이어집니다. 그리고 이러한 일련의 결심을 하나로 묶는 것이 '소설'이고 '소설가'라는 확신이, 가장 마지막 부분에 드러나고 있습니다.

우리는 준페이의 이러한 결심에서 기존 질서를 바꾸지 않고 고수하려 하는 사람들, 즉 '시장' 예찬자부터 자유주의사관파, 남성중심주의자부터 어른 중심의 사고방식을 가진 자에 이르는 사람들 특유의 관점을 엿볼 수 있습니다.

여기서 주목해야 하는 것은, 이렇게 기존질서를 유지하고자 하는 힘이 대지진 이후의 공허함과 적막함, 그리고 죽음에 대한 유혹으로 가득 찬 여러 가지 이야기(1. 「UFO가 구시로에 내리다」부터, 5. 「개구리 군, 도쿄를 구하다」까지)를 필수적인 배경으로 삼고 있다는 점입니다. 여기서 우리는 무라카미 하루키 '소설' 특유의 조직화를 엿볼 수 있습니다. 옴진리교 사건의 피해자를 다루고 있는 논픽션 『언더그라운드』(신초샤)[77] 이전까지 그가

---

77 국역본: 『언더그라운드』, 양억관 역, 문학동네, 2010.

고수해왔던 소설 작법에, 이후의 '시대에 대한 보수적인 자세'가 더해진 것이라고 말할 수 있겠지요.

더불어 해결 불가능한 미스터리와 호러적인 분위기로 시작하여, 기존 질서를 지키고자 하는 사람이 등장하면서 끝나는 『모방범』과의 공통점도 엿볼 수 있습니다. 절대적인 혼란과 혼돈으로 가득 찬 상황 속에서, '선과 악'을 선명히 구분함으로써 질서를 유지하고 더불어 희망을 만들어내려고 하는 공통점을 말이지요.

파괴자가 성역聖域을 만들고, 악이 선을 만드는 전쟁

하지만 『신의 아이들은 모두 춤춘다』와 『모방범』의 공통점은 『모방범』에서 더 명확한 형태로 나타납니다. 『신의 아이들은 모두 춤춘다』에서는 애매한 존재였던 파괴자(「개구리 군, 도쿄를 구하다」의 '지렁이 군', 「벌꿀 파이」의 '지진 남자')를, 『모방범』은 이야기의 대부분을 할애하면서 교활하고 영악한 '인간쓰레기'로 선명하게 그려내고 있기 때문이지요. 그 결과 '선과 악의 구분', '지키려는 사람과 파괴자의 구분'이 더 명확해집니다.

끔찍한 사건이 일어나고, 붕괴 직전의 질서는 되살아나는 — '선과 악의 구분, 지키려는 사람과 파괴자 구분'에 의해 — 이러한 사태가 더 뚜렷하게, 그리고 세계적인 규모로 나타난 것이 바로 9·11 테러로 시작된 일련의 사건들 — '새로운 전쟁', '테러와의 전쟁'이라는 것은 말할 필요도 없겠지요.

9 · 11 테러사건은 '10년의 경제적 번영'이 그 끝을 보이고 있던 미국 사회에 새로운 결속력을 불어넣었습니다. 미 국방성은 중동지역에서의 군사 행동을 포함, 이후에 이어진 군사보복 작전을 '무한 정의 작전'이라고 이름 짓고(이후에 변경), 테러로부터 미국 본토를 방위하는 작전에는 '고귀한 독수리'라는 이름을 붙였습니다. '테러와의 전쟁'을 '새로운 전쟁'이라고 칭한 부시 대통령은 전 세계를 향해 '테러리스트 편에 설 것인가, 우리 정의의 편에 설 것인가' 라고 물으며 선택을 강요했습니다. 대부분의 언론 매체가 부시의 말을 반복적으로 보도하고 있을 때, 메일로 국제뉴스의 해설을 발신해온 프리랜서 저널리스트인 다나카 사카이는 9 · 11 테러사건이 미국의 '자작극'일 가능성을 끊임없이 제기했습니다. 그러한 발언들은 『계획된 9 · 11 / 미국은 전쟁을 원했다』(php연구소)[78]에 정리되어 있습니다. 9 · 11 테러사건이 계획된 자작극인지 아닌지는 알 수 없습니다. 하지만 미국 정부가 이 사건을 '선과 악'으로 구분하고, 이를 빌미로 선제 공격론을 내세워 아프가니스탄 전쟁을 시작으로 이란 전쟁까지 벌인 것은 명백한 사실입니다.

'악'의 현재화顯在化 혹은 날조를 통해 위협받고 있는 사회질서를 재건하려고 하는 움직임은, '잃어버린 10년'의 밑바닥을 치고 있던 일본에서도 보이기 시작했습니다. 아주 노골적인 정치적, 사회적 보수화의 움직임입니다. 이러한 보수화가 있었기 때문에 9 · 11 테러사건에 신속하게 대응할 수 있었지요.

『신의 아이들은 모두 춤춘다』와 『모방범』 속에서 볼 수 있는 '선과 악의

78 국역본: 『9 · 11의 진실』, 박소영 역, 이다미디어, 2002.

구분'과 질서의 보수성이 이러한 사태를 배경으로 하고 있다는 것은 말할 것도 없습니다. 그러나 이 작품들이 현재 진행 중인 사태를 단순하게 반영하고 있는 것이라고 여겨서도 안 됩니다. 개별적인 사건으로 나타나기 시작해 비로소 '사태'의 존재가 분명히 드러나듯, 소설 작품 또한 제각각 독특한 언어의 조직화를 통해 그 '사태'를 드러냅니다. 그러한 '사태'로서의 사태를 정착시킨다, 라고 말할 수도 있겠지요. 잘 구성된 작품이란, 좋든 나쁘든, 수동적이기보다는 훨씬 더 발전적인 장치여야 합니다.

이들 작품을 베스트셀러 반열에 올려놓은 대부분의 독자는 이미 전쟁에 앞서, 집안, 전철, 혹은 학교나 직장, 공원 벤치에서 아주 조용히 '읽기 전쟁'을 수행해 온 것입니다.

'해결불가능성' 시대에 해결불가능성에 의한 내적 파괴를 제시하고 그것과 직면하게끔 재촉해 온 호러소설은, 이리하여 버거운 반동과 전 세계를 휩쓴 전쟁이라는 벽에 부딪힐 수밖에 없게 되었습니다.

전쟁

전쟁은 왜 시작되자마자 그 모습을 감추는가

현실이기에 더욱 보이지 않는 전쟁

이번 강의에서는 전쟁과 호러의 관계에 대한 이야기를 하겠습니다. 지난 강의에서는 9·11 테러사건 전후의 상황과 호러에 대한 반동의 움직임을 확인해 보았지요. 오늘은 이라크 전쟁과 호러의 관계에 대해 생각해 보도록 하겠습니다. 이라크 전쟁이 시작된 지 1년 이상이 지나 정세가 점점 더 혼란 속으로 빠져들고 있었던 시기에, 저는 '은폐의 총력전'에 대항하는 '호러적인 것'에 대해서'라는 제목으로 강연을 했습니다. 먼저 그 강연 DVD를 보도록 합시다.

오늘 강연(2004년 6월 12일, 일본여자대학에서)의 가장 큰 테마는 '제국과 전쟁 — 현 상황에 저항하며'입니다. 새로운 역사학의 선두주자인 나리타 류이치 씨, 저와 오래전부터 친분이 있던 작가 양석일 씨의 이야기를 듣기에 앞서, 저에게 테마의 큰 틀에 대한 이야기를 해달라는 기획자 하세가와 히로시 씨의 부탁이 있었습니다.

'제국과 전쟁'은 아주 자명한 상황이지만 어떻게 '저항해야' 할지는 뚜렷하지 않다는 것, 그 얘기를 먼저 해 주었으면 한다고 하셨지요. 확실히 사태가 진행됨에 따라 '저항하는' 것은 점점 더 어려워지고 있습니다. 그 어려움으로 인해 우리 사이에 널리 퍼져나가는 무력감. 그것에도 저항해 나가야만 합니다. 하지만 '제국과 전쟁'이라는 현재 상황이 과연 자명한 것일까요? '제국과 전쟁'이 압도적인 현실임에도 불구하고 그 형태가 뚜렷하지 않기 때문에 '저항하는 것'이 어려운 건 아닐까요?

저는 '제국과 전쟁'이라는 현실을 더욱 더 애매하게 만듦으로써, 그것과 우리들의 관계를 애매하게 만들고자 하는 것이 아닙니다. 오히려 정반대로 우리 자신이 그 애매함에 관여하고 있으며, 우리 스스로가 그 전선을 들추어내고 하나하나 파괴해 나가지 않으면 안 된다고 생각합니다.

저는 '현실이면서 보이지 않는다'라는 말을 했습니다. 그러나 '현실이기에 보이지 않는다'는 표현이 더 알맞겠지요.

그 대표적인 예가 이라크 전쟁입니다. 이 정도로 전 세계의 이목이 집중되고, 시작되기도 전부터 이렇게 세계적인 반대에 부딪힌 전쟁은 없습니다. 그럼에도 불구하고 우리는 이라크 전쟁은 과연 무엇이며, 목적은 무엇이었나, 라는 질문에는 명확한 답을 내놓지 못합니다. 이제껏 저는 그 전쟁의 목적에 대해 확신을 가지고 대답을 할 수 있는 사람을 만나본 적이 없습니다. 목적이 분명치 않으면, 그 끝도 분명치 않습니다. 그 끝이 분명치 않은 것은 그 시작 또한 보이지 않지요. 매일 사람이 죽어나가고 집이 불타오르고 있음에도 불구하고 —— 가 아니라, 이러한 전쟁의 현실이 있기 때문에 전쟁 그 자체는 더더욱 보기 힘든 것입니다.

보이지 않는 전쟁 —— 그것은, 전쟁 자체가 '거대한 은폐장치'라는 사실과 관계가 깊습니다. 또한, 그 거대장치가 우리 한 사람 한 사람을 동력원으로 삼아 '은폐의 총력전'을 전개해 나가고 있다는 사실과도 관계가 있다고, 저는 생각합니다.

전쟁 그 자체가 거대한 '은폐장치'

자본주의의 승리를 배경으로 한 걸프전이 발발한 무렵부터, 저는 '전쟁'에 대해 다시 생각해보기 시작했고, 그러던 중 1995년에 우연히 끌로드 란즈만 감독의 영화 <쇼아>(1985)[79]를 접하게 되었습니다. 그것을 계기로 비로소 제 안에서 전쟁의 형태가 뚜렷해졌지요. 쇼아는 히브리어로 '절멸'을 의미합니다. 유대인 학살의 주 무대가 되었던 아우슈비츠 수용소에서의 체험과 그 기억을 다룬, 무려 9시간짜리 작품이지요. 이 놀라운 영상은 전쟁에 대해서 이야기하는 것이 가능한가, 가 아닌 그것의 불가능성과 불가피성을 응축적으로 보여주는 더할 나위 없이 훌륭한 작품이지만, 여기서 제가 특히 주목하고 싶은 것은 부록으로 딸려있던 텍스트입니다. 보브와

---

79 1985년에 제작된 다큐멘터리 영화로 원제는 <shoah>. 10년에 걸친 제작기간을 통해 완성된 이 영화는 죽음의 수용소로 악명을 떨친 아우슈비츠 수용소에서 살아남은 생존자와 유태인 학살에 앞장섰던 책임자, 그것을 목격한 이들의 생생한 증언 등으로 구성되어 있다.

르[80]가 쓴 「공포의 기억」이라는 짧은 글이지요. 보브와르는 이 글속에서, 이 영상을 보고 자신이 전쟁과 아우슈비츠 수용소에 대해 아무것도 모르고 있었다는 것을 깨달았고, 처음으로 그것들을 접해볼 수 있었다, 라고 말합니다. 아우슈비츠 수용소와 전쟁에 그렇게 가까이 있었던 그녀가 그런 말을 쓴 것을 보고, 저는 두 가지 생각을 했습니다. 첫 번째, 예술작품은 어떠한 사실에 끊임없이 새로운 관점을 부여하여 그것을 다르게 보여준다는 것. 그리고 또 하나는 전쟁과 직접적인 관련이 있는 것입니다. 바로, 전쟁은 풍화되거나 익숙해져서 볼 수 없게 되는 성질의 것이 아니라는 것. 적극적으로 '풍화'를 시키고 '볼 수 없'게 만드는 장치가 바로 전쟁 그 자체 아닌가, 라는 생각을 했지요.

전쟁이 그렇듯 '보이지 않게 만드는' 장치 중 가장 거대하고 강력한 것이기 때문에, 익숙한 것을 낯선 것으로 만들어내는 예술작품은 우리에게 '처음 보는 것'이라는 강렬한 인상을 남기게 되는 것입니다.

다시 말해 이런 의미입니다. 전쟁이라는 것은 현실적으로 존재하는 파괴이자 살육이고 침략이며, 학대이고 강간입니다. 더 나아가 셀 수 없이 많은 억압과 차별과 유기遺棄의 복합적, 폭력적 실천의 총체지요. 그런 비참한 현실을 야기하는 주범인 전쟁은, 그렇기 때문에 더욱더 스스로의 모습을 감추는 커다란 장치가 되는 것 아닐까요?

이것은 특히 전쟁을 벌이는 편, 승리하는 편에 적용되는 것입니다. 하지만 가혹하게도, 공격을 당하고 패배하는 편이 '보고 싶지 않다', '떠올리고

---

80 시몬 드 보브와르(1908~1986). 프랑스의 작가이자 철학가로, 사르트르의 사실상의 아내다. 사르트르의 실존주의에 영향을 받았으며, 여성의 해방을 위해 투쟁한 페미니스트다. 대표작으로 『제2의 성』이 있다.

싶지 않다'고 느낄 때에도, 이 장치는 작동하기 시작합니다. 절멸에 관한 영상 <쇼아>는 그것에 대해 이야기하고 있는 것입니다.

은폐의 총력전, 폭로의 게릴라전

은폐 장치로서의 전쟁은, 전쟁이라는 잔인한 현실이 지나가고 나서 작동하기 시작하는 것이 아닙니다. 오히려 전쟁이라는 현실보다 훨씬 더 앞서서 움직이지요. 쉬운 예를 들어보자면, 전쟁의 대의명분을 만든다거나 사실과 다른 목적을 일부러 퍼뜨리는 행위, 보도관제報道管制 시스템 등이 있습니다. 은폐는 침묵뿐만 아니라 사실과 다른 것을 말함으로써 이루어지기도 하는 것이지요. 그렇게 생각해보면, 전쟁이라고 하는 거대한 은폐장치는 다음과 같은 항목으로 이루어져 있는 것은 아닐까요.

① 전략적·전술적 문제와 관련된 은폐. 상대에게 자기편의 의도나 작전을 감추고, 경우에 따라서는 거짓 정보를 흘린다. 은폐는 상대편뿐만 아니라 내부에서도 그 효과가 나타남.

② 사건(살육, 파괴, 약탈, 강간 등)과 관련된 은폐.

③ 책임문제와 관련된 은폐. 이것은 책임을 애매하게 만들어서 권력의 유지를 꾀하는 것을 의미함.

④ 윤리문제와 관련된 은폐. '그런 일이 있어서는 안 된다', '그럴 리가 없다'는 사고방식이 모습을 감춤.

⑤ 실존적인 문제와 관련된 은폐. 이로 인해 통상적인 의미를 잃어버린

세계에서는 그 세계를 바라보고 싶어도 바라볼 수 없게 된다.

⑥ 일상적인 언어와 문화 전반에 관련된 은폐. 반복되는 일상들이 전쟁으로 인해 보이지 않게 만든다.

물론 이것은 생각나는 것을 그대로 나열한 것에 지나지 않습니다. 하지만 이 거대 은폐장치에는 전쟁과 직접 관계가 있는 권력뿐만 아니라, 전쟁에 반대하고 권력에 저항하고자 하는 이들 또한 항상 가담하고 있다는 것을 잊어서는 안 될 것입니다. 그리고 국민국가의 전쟁이 '총력전'으로 전개되듯, 은폐장치로서의 전쟁 또한 '은폐의 총력전'으로 이어진다는 사실도 말이지요.

우리들은 우리도 모르는 사이에 '은폐의 총력전'에 내몰리고, 무의식적으로 '은폐의 총력전'의 병사가 되어버립니다. 남녀노소가 다 제각각의 위치에서, 각자의 방법으로——이것이야말로 가장 교묘하게 작용하는 '은폐'라고 할 수 있습니다. 그러나 저는 이 '은폐의 총력전' 앞에서 전쟁에 반대하거나 저항하려고 하는 의지가 무력한 것이라는 말을 하고자 하려는 것이 아닙니다.

만약 '제국과 전쟁'에 대한 반대와 저항이 존재한다면, 그것은 먼저 '은폐의 총력전'의 병사가 되는 것에 대한 반대와 저항을 필수적인 전제로 삼아야 할 것입니다. 일단 이 점을 염두에 둔다면, 우리는 '은폐의 총력전'에 저항하여 각지에서 '폭로의 게릴라전'을 벌일 수 있다는 것을 지적해두고 싶군요. 그것은 무력감이나 방약무인한 낙관과는 반대의 의미를 가집니다. 모든 싸움에서, 승리를 위한 총력전은 언제든 패배의 총력전으로 바뀔 가능성을 지니고 있습니다. '은폐의 총력전'도 마찬가지겠지요. 우리들은 반드시 이 점을 이용하고 분발해야 합니다.

그렇다면 현재의 '대 테러전쟁'에서 '은폐의 총력전'의 최전방은 어디인가. 먼저, 전쟁이 일어나고 있는 이라크와 그 외의 국가를 들 수 있습니다. 하지만 그와 동시에, 파병 문제에 대해 반대하지 않고 '테러와 싸우는 선량한 국민'을 만들어내고 있는 국내의 현장 또한 그러한 최전방 중 하나라고 할 수 있습니다.

현재 '대 테러전쟁' 속에서 급속히 진행되고 있는 은폐는, 우리 사회 내부가 스스로 무너져 내리는 것과 관련되어 있습니다. 내부가 스스로 무너지고 있음에도 불구하고, 내부는 매우 건전한 일체감으로 가득 차 있다, 라는 사고방식을 확대시킴으로써 내부 붕괴를 은폐하려고 하는 것입니다. 은폐하는 사람이 누구라고 꼭 집어서 말할 수는 없지만, 그럼에도 불구하고 은폐는 계속됩니다. 그야말로 '은폐의 총력전' 양상을 아주 노골적으로 드러내면서 말이죠.

사회 내부의 붕괴를 은폐하기 위한 내부의 '일체감' 연출

2001년 여름. 일본과 미국에서 '대 테러전쟁'을 목적지로 하는 '은폐의 총력전'이 시작됩니다. 이 해 6월에 오사카 이케다 초등학교에서 아주 불행한 사건이 발생했지요.[81] 초등학교에 무단 침입한 남자에 의해 수많은 초등

---

81 2001년 6월 8일 오전 10시경, 흉기를 지닌 남성(다쿠마 마모루. 당시 27세)이 오사카 이케다 시에 소재한 초등학교에 침입해 무차별적으로 학생들을 살해한 사건. 이 사건으로 1학년생 한 명, 2학년생 두 명이 살해당했으며, 범인은 현행범으로 체포되었다.

학생이 살상의 희생자가 되었습니다. 그러나 이 불행한 사건의 결과는, 도리어 원래 존재하고 있었던 불행을 더욱 부추기는 방향으로 전개되고 맙니다. 학교라는 공간이 '성역聖域'이라는 의미를 새로이 부여받게 된 것이지요.

학교는 1990년대를 지나면서 집단 괴롭힘 현상에서 나타나는 관계의 붕괴, 학급 붕괴, 더 나아가 학교 붕괴에 이르는 내부의 붕괴현상이 가장 빠르게 진행된 장소임은 물론이고, 내부붕괴가 가장 분명한 형태로 드러난 장소이기도 합니다.

그렇게 스스로 무너져 내린 장소에서 아이들이 도망치기 시작하자, 어른들은 그것에 '등교거부'라는 부정적인 이름을 붙입니다. 그러나 당사자인 아이들에게 있어 학교에서 도망치는 일은 긴급피난을 위해 가장 먼저 필요한 행동이었을 것입니다. 물론 학교에서 뛰쳐나와서 갈 수 있는 곳은, 내부붕괴현상이 학교보다 조금 덜 분명한 장소에 지나지 않을 것입니다. 그럼에도 아이들은 학교에 있을 때보다는 조금 더 밝은 표정을 되찾았습니다.

하지만 2001년에 일어난 사건 이후, 학교는 이제까지와는 전혀 다른 모습으로 바뀌고 맙니다. 나쁜 것은 학교 내부가 아니다. 악은 밖으로부터 비롯된다. 내부는 지켜야 할 성역이다, 라는 식이 되어버린 것이지요.

저는 지금도 그 사건이 일어난 날 밤의 TV뉴스를 정확히 기억하고 있습니다. 장관과 공무원, 교원에 이르는 모든 사람들이 이제껏 학교의 붕괴에 대해 쏟아졌던 비난들을 일제히 떠넘기기라도 하듯이 새된 목소리로 '어떻게 이런 일이 있을 수 있단 말인가. 학교는 성역이다.' 라는 말을 반복했습니다. 그 사람들이 '성역'이라는 말을 꺼낸 그 순간부터, 내부붕괴와 자괴自壞현상은 그 흔적을 감춥니다. 물론 실제로 사라진 것은 아니지요. 붕괴와 자괴현상에는 변함이 없는데, 그러한 인식 자체가 '없는 것'이 되어버린 것입니다. 아이들의 고통은 물론, 많은 선생님과 직원들이 내부붕괴를 막기 위해 긴 시간 동안 시도해 온 것들, 붕괴와 관련된 그 모든 것들이 그 순간부터 보이지 않는 것이 되어버렸습니다. 불필요한 것, 없는 것이 되었죠.

이 사건이 일어난 후 학교는 '외부로부터의 침입을 막자' 라는 명분 아래, 등교시간 외에는 문을 단단히 걸어 잠그게 되었습니다. 그 이전까지는 아이들이 도망쳐 나올 수 있었지만, 담을 더 높이 쌓아올리고 문을 빈틈없이 걸어 잠근 탓에 도망치는 것조차 불가능해진 것이지요.

그러한 사태를 지지하며 사회 전반에, 아니 세계 전체로 그런 상황을 퍼뜨리게 된 계기가 된 것이, 사건이 터지고 나서 고작 3개월 후에 미국에서 발생한 9·11 테러와 그 후 놀라울 정도로 신속하게 착수된 '테러와의 전쟁'입니다. 미국 또한, 외부로부터 침입해오는 것들에 맞서기 위해 내부의 애국적 일체감을 강조했지요. 미국판 '성역'만들기입니다. 그것을 가장 먼저 받아들인 것이 일본이라는 사실은 새삼스럽게 지적할 필요도 없을 것입니다.

이케다 초등학교 사건을 시작으로, 9·11 테러를 거쳐 다시 일본으로 돌아온 '외부는 악, 내부는 선'이라는 구분은 빠른 속도로 사회 전체로 퍼져나갔습니다. 학교는 성역이고 내부에 붕괴 같은 것은 없으며, 원래 번화가는 건전하다. 나쁜 것은 외부에서 들어온 밀입국자다. 무리한 정리해고를 감행하는 기업이나 관공서 또한 테러에 비하면 한없이 선량한 존재…… 라는 식의 사고방식이 번져갔지요.

2004년 6월, 나가사키에서 초등학생 여자아이가 같은 반 여자아이를 살

↑ 2001년 9월 11일, 미국 동시다발테러 발생. 이후, 미국은 대테러전쟁이라는 명분 아래, 아프가니스탄 전쟁과 이라크 전쟁을 일으킴. 사진제공=공동통신사.

해하는 사건이 발생했습니다.[82] 인터넷과 관련된 사건이다, 혹은 『배틀 로얄』[83]이라는 호러소설과 영화의 영향으로 일어난 사건이다 등등, 여러 가지 의견이 쏟아져 나왔습니다. TV에서 이 사건에 관한 뉴스보도를 봤더니, 그 학생의 담임이 "사실은 이미 다 망가져 있었습니다. 이 반도, 학교도 말이죠. 하지만 그걸 말할 수가 없었습니다." 라고 말하더군요. 저는 그것을 보면서 역시 그렇구나, 라는 생각을 했습니다.

진짜 문제는 내부에 있는데도 그것을 말할 수 없다. 말해봤자, 아무도 들어주지 않는다. 이것은 그 선생 한 사람의 마음일 뿐만 아니라, 학교

82 2004년 6월 1일 오후. 나가사키 현 사세보 시에 소재한 초등학교에서, 한 소녀가 동급생 여학생을 커터칼로 그어 살해한 사건. 여 초등학생에 의한 살인사건이라는 점, 그 무대가 학교라는 점 등으로 인해 당시 큰 충격과 파문을 일으켰다.

83 1997년 동양의 전체주의국가, 대동아공화국을 배경으로 하는 작품. 이 나라에서는 매년 전국의 중학교 3학년 학생들을 대상으로 하여 임의의 클래스를 뽑아서 전투 시뮬레이션 살인 게임인 '프로그램'을 실시한다. 학생들이 주어진 무기로 서로를 죽여, 최후에 살아남은 단 한 사람만이 집으로 돌아갈 수 있게 되는 이 '프로그램'을 중심으로 하여 펼쳐지는 이야기이며, 원작을 영화화한 작품이 2002년 한국에 개봉된 바 있다. 국역본: 『배틀 로얄』, 권일영 역, 대원씨아이, 2002.

속에 갇혀있는 소년소녀 모두의 마음이기도 한 것은 아닐까요. 이 소녀들은 오사카 사건 및 '테러와의 전쟁'에 의해서 없는 사람 취급을 받으면서, 사실은 그대로 방치된 채, 전보다 더 성가신 존재가 된 내부의 붕괴에 제각기 직면하고 있는 것은 아닐까요? 완전히 무너져 내린 학교 내부에, 아이들이 도망치지도 못하고 묻혀버렸다…… 저는 그런 게 아닐까 생각합니다.

이것은 이 소녀들과 아이들만의 문제가 아니라, 스스로 무너져가는 이 사회를 살아가고 있는 우리 모두와 관련이 있는 문제 아닐까요?

호러소설의 '풍요로운 10년'이란 무엇인가

'은폐의 총력전'은 바로 이런 것입니다. 우리가 학교는 성역이며 지켜져야 할 곳이라는 생각을 당연하게 여기는 순간, 스스로 그것을 의식하지도 못하는 사이에 '은폐의 총력전'의 병사가 되어버리는 것. 이러한 '은폐의 총력전'에 저항하듯 내부의 붕괴와 자괴현상을 끊임없이 폭로해 온 것 중 하나가 바로 호러소설입니다. 이러한 의미에서 호러소설은 '폭로의 게릴라전' 한복판에서 치열하게 싸우고 있는 민간인 병사와 같은 인상을 줍니다.

우리세대의 창작호러소설은 버블붕괴 직후인 1993년에 '호러소설'이라는 호칭과 함께 등장합니다. '가도카와호러문고'가 등장하고, '일본호러소설대상'이 생긴 것도 바로 이 해입니다. 반도 마사코, 시노다 세츠코, 온다 리쿠, 오노 후유미와 같은 작가들이 연이어 등장하고, 뒤이어 키시 유스케, 이와이 시마코 등의 작가도 글을 쓰기 시작하지요.

이 10년은 '잃어버린 10년'임과 동시에 '세계화와 <제국>의 10년'이며,

'전쟁의 10년', '민족=국민부흥의 10년'이기도 했습니다.

그리고 또한, 호러소설이 호황을 누린 10년이기도 합니다.

호러소설은 1993년에 등장한 이후, 사회 내부의 붕괴를 드러내는 사건들을 다루면서 '사회적 잔인함'의 능선을 선명하게 그려왔다고 말할 수 있습니다.

1993년 무렵 현존 사회주의가 대붕괴를 맞고, 그로 인해 자본주의가 승리했다는 인식이 퍼져나갔지요. 하지만 그 시기에 오히려 자본주의 내부의 붕괴가 두드러지게 눈에 띄기 시작했다는 점을 잊어서는 안 됩니다. 바꿔 말하면, 해결 방향은 전혀 보이지 않고, 끊임없이 내부의 붕괴만이 드러난 시기라고 할 수도 있겠지요. 저는 모든 호러소설의 공통점을 '해결불가능성에 의한 내적 파괴'라고 생각합니다. 문제해결이 가능하다는 것을 내세우는 미스터리는, 이 시기부터 호러에 그 주인공 자리를 내어줍니다.

나가사키 사건을 계기로 다시 주목을 받게 된 다카미 고슌의 1999년 작품 『배틀 로얄』(오타 출판) 또한 그런 호러소설 중 하나입니다. 중학생들이 밀폐된 작은 공간 안에서 서로 죽이기를 강요당하는 이 이야기는 아이들에게 학교 내부의 붕괴와 사회 내부의 붕괴를 생생하게 느낄 수 있는 수단으로 다가갔고, 곧 엄청난 베스트셀러 반열에 올랐습니다.

이 책과 영화는(영화는 실패작이었음에도 불구하고) 곧바로 '테러와의 전쟁'이라는 시대의 건전한 내부, 일체감으로 가득 찬 내부라는 '은폐의 총력전'과 충돌했고, 자민당自民党 의원들을 중심으로 영화 상영반대 운동이 벌어지기도 했습니다. 그러나 『배틀 로얄』이 내부의 붕괴를 야기한 것은 아닙니다. 내부의 붕괴가 『배틀 로얄』이라는 영화를 탄생시킨 것이지요. 그럼에도 불구하고 나쁜 것은 『배틀 로얄』이라고 말하는 것은 본말의 전도가 아닐까요.

동급생을 살해한 소녀에게 있어 『배틀 로얄』은 '은폐의 총력전'에 의해 방치된 내부의 붕괴를 재조명하는 날카로운 빛일 뿐, 결코 살해와 관련된 이야기가 아니었을 것입니다. 만약 이 작품이 없었다면, 우리는 일본 각지의 학교에서 더 많은, 더 끔찍한 사건들이 일어나고 나서야 겨우 내부의 붕괴라는 현실에 도달할 수 있었을 것입니다. 이것은 『배틀 로얄』에만 국한된 이야기가 아니라, 최근 10년간 그 위세를 떨쳐 온 호러소설 전반에 적용되는 문제라 할 수 있겠습니다.

'에로 · 그로 · 난센스'[84]와 호러적인 것

호러적인 것과 전쟁의 관계에 대해 생각할 때 참고가 되는 것이 바로 1930년을 전후로 하는 '에로 · 그로 · 난센스'의 유행입니다.

어느 한 명의 작가나 사상가, 예술가 혹은 특정한 미디어 매체에 국한되지 않고, 이 시기 모든 사람들 사이에 역병처럼 널리 퍼진 '에로 · 그로 · 난센스'에 대한 이제까지의 평가는, 파시즘의 창궐과 전쟁의 시작을 알리는 전조에 지나지 않았다는 식의 아주 부정적인 것이 대부분입니다. 이 말이 유행하기 시작한 이듬해인 1931년에 만주사변이 발생하고 태평양 전쟁이

---

84 에로틱 그로테스크 난센스(erotic grotesque nonsense)의 약어. 1930~31년을 정점으로 하여 일본에서 유행했던 퇴폐적 풍속. 당시의 금융공황, 경제 불황, 기업의 잇따른 도산, 실업률 증가, 좌익 사상가 · 운동가에 대한 탄압 등 그 출구를 찾을 수 없는 절망과 허무함을 배경으로 등장했으며, 에로물과 괴기물이 잇달아 출판되며 크게 유행했다.

그 서막을 연 것은 분명한 사실입니다.

하지만 조금 다른 방향으로 생각해 볼 수는 없을까요. 다시 말해, '에로·그로·난센스'를 파시즘의 온상으로 취급하지 않는 방향 말이지요.

내부의 질서가 무너진 사회는 분명 전쟁에 한없이 가까이 근접해 있는 사회라고 생각합니다. 내부의 가치 및 인간이 무너지고 그 자취를 감춘 사회에서는, 살해라는 행위, 더 나아가 살해 행위의 조직적 전개라고 할 수 있는 전쟁에 대한 상상력이 매우 빈곤해져 있기 때문입니다.

이러한 점과 '에로·그로·난센스'를 연관시켜 생각하는 경우가 많은데, 그것은 잘못된 것입니다. 내부의 붕괴라고 하는 것은 사회 문제이고, 그 사회는 '내부가 무너짐'과 동시에 그 붕괴가 마치 대수롭지 않은 일인 양 꾸며 냅니다. '에로·그로·난센스'는 그러한 연출을 하는 '은폐의 총력전'을 향해 냉소를 던지면서 그것을 무너뜨리려고 한 시도라고 생각할 수 있습니다. 바꿔 말하자면, 그것은 무너져버린 질서를 더 처참한 모습으로 보여줌으로써 사람들에게 질서변화의 필요성을 인식시키려는 운동이었던 것입니다.

저는 '에로·그로·난센스'가 질서를 유지하는 것이 아니라, 무너진 질서의 여러 가지 장면을 그려냄으로써 내부 유지가 이미 불가능하다는 사실을 보여주었다고 생각합니다.

따라서, '에로·그로·난센스'를 파시즘의 전조라고 여기는 것은 잘못된 생각입니다. 이는 어떤 것에 항쟁하고 있는 것을 그것과 가까이에 있다는 이유만으로 같은 것이라 여기는 것과 다를 바 없는 오류지요. '에로·그로·난센스' 그 자체가 나쁜 것이 아니라, 전쟁 및 '은폐의 총력전'에 계속해서 저항하지 못한 점이 나쁜 것입니다. 철저하지 못했던 것, 할 수 없었던 것은 비난받아 마땅하지만, 그 자체가 비난을 받아서는 안 됩니다. 사실 전쟁은 '에로·그로·난센스'를 아주 혐오합니다.

1993년 이후, 그리고 2001년 이후의 호러소설은 '에로·그로·난센스'와 아주 비슷합니다. 아니, 사실 조금 다른 점도 있습니다. '에로·그로·난센스'는 동시대 프롤레타리아 문학이나 사회변혁 사상과 함께했습니다. 때로는 서로 반발하기도 하고 때로는 사회의 무덤을 파헤쳐내면서 힘을 합쳤습니다.

그러나 1993년 이후의 호러적인 것에는 함께하는 것이 없습니다. 2001년 이후, '테러와의 전쟁' 시대가 도래하면서 더더욱 그렇게 되었지요. 호러적인 것은 그야말로 고립무원 상태로 '은폐의 총력전'에 대항하면서, 스스로 무너져가는 내부를 노출시켜 왔습니다. 우리들은 제각기의 위치에서 '은폐의 총력전'과 싸워나감으로써 호러적인 것과 연대할 수 있습니다.

제국은 스스로 무너지리라!

이제까지 한 이야기를 정리해 보겠습니다. 강의 첫 부분에서 언급한 『제국』 서문에, 네그리와 하트는 이 책의 내용에 대해 '걸프만에서의 전쟁이 막 끝났을 때 구상하기 시작하여……' 라는 말을 썼습니다. 세계 전체가 '제국'의 내부가 되는 그러한 세계 시스템을 두 사람이 함께 구상하고 있을 딱 그 즈음에—.

일본에서 어떤 특이한 소설적 상상력이 눈에 띄게 나타나기 시작했습니다. 이 특이한 소설적 상상력은 피로 물든 사회 내부에 닿아있는 것이었습니다. 그것은 '제국'화 되어가는 사회 스스로의 붕괴, 그리고 머지않아 '전쟁'으로 이어질 사회 내부의 붕괴를, 분명히 꿰뚫어 보고 있었습니다. 제국은 스스로 무너지리라! ― 제국을 향해 그런 주문을 걸면서 말이지요.

이 특이한 소설적 상상력을 저는 '스플래터 이매지네이션', 즉 '피투성이 상상력'이라고 부르고 싶군요. 이것은 호러적인 것을 접하는 상상력이며, 또한 호러적인 것을 만들어내는 상상력이기도 합니다. 물론 이건 제가 멋대로 조합해서 만들어낸 말입니다. 그래도 꽤 멋지지 않나요? '스플래터 이매지네이션.' 왠지 절대로 거부할 수 없는 느낌 아닌가요? (웃음)

'피투성이 상상력'은 자본주의의 약한 부분을 겨냥하여 공격합니다. 1970년대와 80년대의 미국, 미국과 일본의 경제관계가 역전한 90년대의 일본을 보면 그것을 알 수 있지요.

힘없는 일본이 그 약함을 평계로 미국을 중심으로 한 '제국'을 지지하고, 그것을 발판으로 '제국'의 유력한 멤버로 떠오르려는 시도가 활발해졌습니다. '은폐의 총력전' 속에서 스스로 무너져가는 내부― 스스로의 '붕괴'에는 눈을 감은채로 말이지요.

그러나 스플래터 이매지네이션은 은폐가 있는 곳을 좋아합니다.

은폐를 파괴하는 것에 집착하지요.

이 사회를 유지하는 이상, 이 사회를 '제국' 쪽으로 이끌어 나가려고 하는 이상, 그 내부에 사는 이들에게는 계속되는 '붕괴'만이 존재할 것이라고 경고하려 하지요.

그리고 새로운 삶은 '붕괴' 반대편에서, 오로지 '붕괴' 반대편에서만 나타날 수 있다는 것을 얘기하려고 합니다. 막다른 골목으로서의 '붕괴'가 아닌, 시작으로서의 '붕괴'.

그러한 '붕괴'에 닿아있는 것이 바로 스플래터 이매지네이션입니다.
한 번 더 반복하겠습니다. 제국은 스스로 무너지리라!

돌파

더 아래로, 밑바닥으로, 붕괴의 암흑 속으로, 또 다른 세계를 향해서

'언젠가 기필코 이 나라를 부숴 버리고 말겠다'는 싸움의 행방

아홉 번째 강의네요.

지금까지 호러소설의 '출현'과 순식간에 일어난 '반동', 그리고 '전쟁'에 대한 이야기를 했습니다. 호러소설론을 매듭짓는 오늘 테마는 '돌파'입니다. 물론 아주 활기찬 '돌파'는 아닙니다. 호러소설은 활기찬 것들이 좌절되고 난 후의 폐허에만 그 모습을 드러내기 때문입니다. 호러소설은, 그 폐허마저 없는 것으로 취급하고 감추려 드는 힘 앞에 그보다 더한 폐허를 들이밀어서 아래로, 아래로 돌파해나가려는 음침한 시도를 꾀합니다.

'해결불가능성에 의한 내적 파괴'를 부정하거나 그것을 외부 탓으로 돌리고 공격하는 그 힘은 '반동'과 '전쟁'이라는 노골적인 형태로 드러났을 뿐만 아니라, 호러소설이 나타나기 이전부터 호러소설을 속박하고 있었습니다. 호러소설은 그것을 돌파해 낸 후에 비로소 '출현'할 수 있었지요. 호러소설 중에서 '돌파' 몇 가지를 살펴보도록 하죠.

'지금은 도망친다. 하지만 나는 언젠가 이 나라를 부숴버리고 말 거야. 가와타와 한 약속을 깨는 것은 아냐. 부숴버리고 싶어. 가와타를 위해, 너를 위해, 나를 위해, 모두를 위해. 그 때가 오면, 힘을 나누어 주지 않을래?' 라는 물음과 '우리 편이 이길 때까지, 계속해 나갈 거야.' 라는 결의로 끝나는 중학교 3학년 학생들의 이야기. -(『배틀 로얄』, 오타 출판사).

영화는 제법 많은 화제를 불러일으켰지만, 영화를 본 것만으로 만족해서는 안 되는 작품입니다. 영화는 세대간의, 그 중에서도 가장 단순한 '어른과 아이' 사이의 싸움으로 모든 문제를 환원시켜 버린, 안일하기 짝이 없는 졸작이니까요. 또 9·11 테러사건을 의식하여 '전쟁'을 억지로 가져다 붙이기만 한 영화 <배틀 로얄 Ⅱ>도 머리에서 지워버립시다.

다카미 고슌이 그리는 『배틀 로얄』의 세계는, 강대국가의 묘사에서 시작되어 강대국가를 미미하게 훼손시키는 것을 묘사하는 장면으로 끝이 나는 이야기입니다.

국가. 즉 '대동아공화국'. 실제 역사 속 전쟁의 전과 후가 겹쳐진 듯한 모습의 국가입니다. 단, 권력 주체는 더욱더 교묘해졌지요. 그 정점에 있는 '총통總統'(현재 37대 총통)을 떠받드는 국가는 전수방위專守防衛 육해공군을 보유하고 있으며, 교육, 문화, 정치에 이르는 여러 영역에서 사람들을 길들이는 프로그램을 가동시키고 있습니다. 그리고 미국의 제국주의를 혐오하며 애국지사 행세를 하는 사람들도 적지 않지요. ── 이 국가는 일본의 현재 모습과 많이 닮아 있습니다. 영화에는 빠져있는 이런 시점이 책 속에는 있습니다.

하지만 더욱 중요한 것은, 이 국가의 현재를 살아가고 있는 사람들을 기다리고 있는 것이 길들여짐으로써 얻는 안정감이 아니라, 내적인 파괴일 뿐이라는 점입니다.

삶의 방식에 의문을 품게 되면 내적 파괴는 더 격렬해집니다. 의문에 대한 대답은커녕 해결에 대한 희미한 환상조차 허용되지 않기 때문에, 끝없이 반복되는 의문을 견디지 못한 사람은 꼼짝없이 내적 파괴에 도달할 수밖에 없는 것이지요.

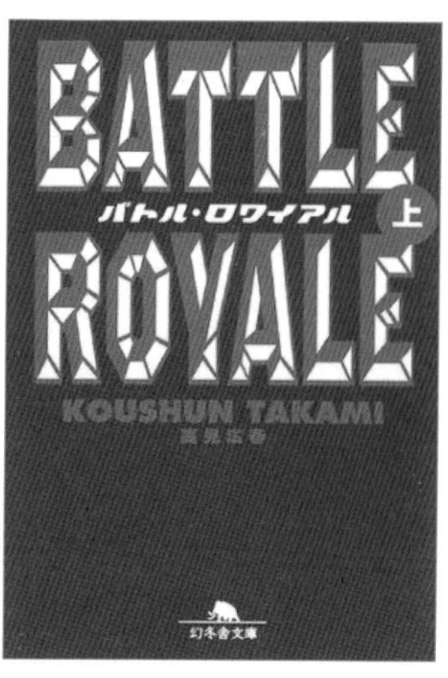

↑ 『배틀 로얄』, 다카미 고슌
(오타출판, 1999)

『배틀 로얄』에서 펼쳐지는 피가 낭자한 중학생들의 살해 행위는, 계획되어진 게임이라는 설정을 빌린 집단적 내파內破극이라고 할 수 있습니다.

이 작품은 일본호러소설대상 후보였지만, 심사위원 전원에게 '굉장히 기분 나쁜 작품', '혐오스러운 느낌'이라는 비난을 받으면서 수상에 실패했지요. 그러나 작가의 목적은 잘못된 것이 아니었습니다.

다카미 고슌은 『배틀 로얄』을 통해, 너무나 익숙해서 이제 우리 눈에는 보이지 않는 '국가의 현재'를 선명하게 드러냄과 동시에, 세계사적인 '해결 가능성'의 퇴장 이후 끝도 없이 이어지게 된 삶에 대한 의문으로 인해 내적 파괴에 이를 수밖에 없게 된 우리 삶의 현주소를 그려낸 것입니다.

이러한 내적 파괴에 출구는 없습니다. 삶의 모든 부분이 입구이지만, 출구는 없는 내적 파괴 — 그러한 피투성이 이미지는 아주 현실적인 인상을 남깁니다.

'우리 편이 이길 때까지 계속해 나갈 거야' 라는 중학생의 말은 물론 순진무구한 투쟁선언이 아닙니다. 그것은, 출구가 없는 계속적인 내적 파괴에 직면함과 동시에 거기에 어떤 출구도 존재하지 않는다는 것을 확인하는 말이며, 그 절망적인 길을 계속해서 걸어 나가겠다는 결의인 것입니다.

다카미 고슌은 아주 오랫동안 침묵을 지키고 있습니다. 두 편의 영화로 인해 그 색을 잃고 사상마저 잃어버린 상처를 딛고, '호러적인 것'의 근저이며 동시에 현주소이기도 한 피투성이 내적 파괴극에 다시 한 번 강력한 스플래터 이매지네이션을 그려주기를, 저는 바라고 있습니다. 그가 호러소설의 '돌파'를 가장 훌륭하게 책임질 수 있는 작가 중 한 사람이기 때문입니다.

지금, 세계의 '리얼'은 '피'와 '결손'을 통해서만 완성된다

이와이 시마코는, 기시 유스케가 1995년에 있었던 한신대지진을 체험한 것을 계기로 쓴 걸작 호러소설 『검은 집』(1997)을 읽고, 호러 작가가 되기로 결심, 『봇케, 교테』라는 작품으로 문단에 등장했습니다. 호러소설은 자신이 쓰는 여러 장르 중 하나라고 공언하는 호러 작가가 많은 데 반해 그녀는, 호러소설을 쓴 것은 우연이 아니다, 절대로 호러를 그만두지 않겠다, 라고 딱 잘라 얘기합니다. 참 든든한 작가지요.

『봇케, 교테』는 호러적인 트릭을 발견한 후에야 그 공포로부터 해방되는 종래의 호러소설을 뒤집음으로써 공포의 핵심을 밝혀낸 호러소설입니다.

그 어둠, 깊이, 의도, 그리고 공포로, 작가 이와이 시마코는 바로 급진적인 호러소설 작가, 호러소설의 화려한 이데올로그로 급부상했습니다. 그 후 연이어 야심작을 발표하고, 밝으면서도 파멸적인 발언을 거듭해 온 것은 이미 잘 알고 계실 것입니다.

이와이 시마코가 스스로 말했듯이, 그녀의 호러작품의 특징은 '메이지[85]·오카야마·빈곤'입니다. 그러나 또 하나 잊어서는 안 되는 것이 바로 '전쟁'입니다. 『봇케, 교테』에 수록되어 있는 단편들은 모두 청일전쟁과 그 후를 배경으로 하고 있으며, 『오카야마 여인』(가도카와문고)은 청일전쟁 후를 무대로 하여 펼쳐지는 이야기입니다.

물론 『오카야마 여인』은 피투성이(스플래터)로 시작되는 이야기 입니다.

이야기는, 장사에 실패한 남편 미야이치가 자신의 첩인 다미에와 억지로 동반자살을 시도하는 장면에서 시작됩니다.

어느 비오는 가을 저녁, 술에 잔뜩 취한 미야이치는 일본도를 번쩍 쳐들고 다미에가 잠들어있는 방 장지문을 찢고 들어왔다. 아래층에서 자고 있던 다미에 부모님이 뛰어 올라왔을 때, 다미에는 이미 칼에 얼굴을 베어 실신해 있었다.

피를 잔뜩 머금은 이불은 옆으로 널브러져 있었고, 다미에 아버지가 불러온 순사들이 도착했을 때, 미야이치는 이미 칼끝을 자기 목에 찔러 넣은 상태였다. 그 선혈의 양은 다다미 바닥이 너덜해질 정도였다고 한다. 다미에의 왼쪽 얼굴에서 흐르는 피는 딱딱하게 굳어있었고, 터진

안구는 이불 쪽을 향해 있었다.

다미에는 실명한 왼쪽 눈으로 여러 가지 환영을 보게 됩니다. 내일 일어날 일들이 희미하게 보이기도 하고, 이미 죽은 사람들이 방 한구석에 조용히 앉아있는 모습이 보이기도 하지요. 물론 피범벅이 된 미야이치도 예외는 아닙니다. 미야이치와 다미에의 '피'와 '결손'이라는 잔인함을 유일한 통로로 삼아, 이야기는 메이지 시대 말기 오카야마에 사는 사람들이 만들어내는 암흑 속으로 깊숙이 파고 들어갑니다.

피투성이 호러만이 세계의 '리얼함'에 도달할 수 있는 유일한 통로라는 이와이 시마코의 확신이 『오카야마 여인』에 명확하게 드러나 있습니다. 그리고 피가 흘러넘치는 광경의 배후에는, 피투성이 살육기계인 전쟁이 숨어있습니다.

전쟁시대의 '붕괴'를 수면 위로 떠올리는 『밤에 우는 숲』

2001년에 출판된 장편소설 『밤에 우는 숲』(가도카와문고)은 제2차 세계대전이 한창인 때에 일어난 참극을 그린 작품입니다.

이야기에 등장하는 여자는 이런 생각에 사로잡혀 있습니다.

만연하는 수면병睡眠病과 더 격해지는 전쟁. 악한 것은 용감한 병사처럼 돌격해 오지 않는다. 아버지에게 들러붙어있던 독벌레처럼, 은밀하게 꿈틀거리며 들러붙어온다. 꺼림칙한 것들은 항상 그렇다.

또 한 사람은 이렇게 말합니다.

　"얼마 안 가서 중국 전쟁보다 더 무서운 일이 일어날 것이여."
　전쟁이 여기서 일어나는 거라고. 물론 아무도 그 말을 상대해주지
않는다. 전쟁터는 중국이다. 어떻게 이런 산골짜기에서 전쟁이 일어날
수 있단 말인가, 하고 마을 사람들은 쓴웃음을 지었다.
　그러나 장모는 진지한 얼굴로 열변을 토한다. "아니여. 뭔가 있당께.
분명히 안 좋은 일이 일어날 것이여."

　『밤에 우는 숲』은 1938년 오카야마 쓰야마에서 일어난 '33명 살인사건'[86]
을 소재로 한 이야기입니다. 요코미조 세이시가 소설화하고, 마쓰모토 세
이초가 르포타주로 만든 이 사건에, 쓰야마 출신인 이와이 시마코가 도전
장을 던진 작품이지요.
　병약한 청년 다쓰오가 어떻게 두 시간 만에 남녀 서른 명을 살해할 수
있었는가. 피가 낭자하는 이 수수께끼에, 이야기는 살인자의 시점이 아닌,
살해를 당하는 사람들의 처지와 그 내면을 그리는 방법으로 답하려 합니다.
　처마와 지평선이 마치 으깨어진 것처럼 땅에 찰싹 달라붙어있는 풍경
속에서 느끼는 제각기의 암흑 — 불안, 광기, 악의, 원망, 증오, 무시무시한
공포가 전개된 뒤, "모두가 바라고 있다. 단번에 편해질 수 있는 파멸을"이

---

86 1938년 5월 21일 새벽, 오카야마 현에서 발생한 대량 살인사건. 범인은 도이 무쓰오(당시
　21세)라는 청년으로, 일본도와 엽총으로 두 시간 만에 서른 명을 살해했으며 그 외 3명에게
　중경상을 입혔다. 일본에서 그 전례를 찾아볼 수 없는 살육사건으로 큰 파문을 일으켰다.

라는 말이 등장합니다.

청년 다쓰오를 파열과 파멸의 길로 내몬 것은, 사람들이 품은 파멸에 대한 욕망이었습니다. 그것은 분명 중국 각지에서 전쟁을 확대시키고 질서 내부의 파열을 외부로 분출시키려고 하는 국가의 욕망에 반反하는 것입니다.

'다쓰오는 틀림없이 엄청난 일을 저지를 것이다. 그것은 예감과 기대와 절망이었다.'—— 이와이 시마코의 작품은 우리들로 하여금 '새로운 전쟁', '테러와의 전쟁' 시대를 직시하게 합니다. 또한, 언제든 전쟁이 일어날 수 있는 체제로 '변혁'해 나가는 속에서, 그보다 훨씬 먼 곳에서 펼쳐지는 암담한 현실을 직시하게 하지요. 전쟁체제로는 결코 해결할 수 없고, 오히려 계속해서 무너져 내리는 현실을. 오직 절망적인 '붕괴'만이 가져올 수 있는 희미한 희망을 보여줌으로써 말이죠.

『시귀』와 9·11 테러사건의 관계에 대해서

오노 후유미의 『시귀』는 1998년에 출판된 작품으로 400자 원고지 3,000장이 넘는 대작입니다. 이와이 시마코의 『봇케, 교테』가 우리 시대의 대표 호러단편이라면 『시귀』는 대표적인 장편이라 할 수 있습니다.

스티븐 킹의 걸작 『살렘스 롯』(저주받은 마을)[87]에 헌정된 이 작품은 이

---

87 원제는 *Salem's Lot*. 브람스토커의 『드라큘라』를 현대적으로 변형시킨 스티븐 킹의 두 번째 장편소설로, 살렘스 롯이라는 작은 마을의 유령의 집으로 알려진 별장에 한 남자가 이사 오면서 벌어지는 기괴한 일들에 대해 소설가 벤이 조사해 나가는 과정을 그려낸 작품이

제까지의 흡혈귀물을 그대로 답습하고 있지만, 그에서 더 나아가 밀폐된 마을의 파멸을 통해 우리시대 '호러적인 것'의 가장 근본적인 부분에까지 손을 뻗습니다. 이 작품을 제대로 언급하려면 적어도 세 번의 강의가 필요합니다. 여기에서는 『시귀』와 '새로운 전쟁'의 관계에 대해 생각해 봅시다.

2002년 봄에 나온 신초문고판에 미야베 미유키의 해설이 실렸습니다. 『시귀』와 거의 동시에 집필되어 훨씬 늦게 출판된 『모방범』의 저자 미야베 미유키가 다음과 같이 무척 흥미로운 글을 썼습니다.

『저주받은 마을』은 살렘스 롯의 주인들이 한 명, 한 명 흡혈귀로 변해가면서 마을전체가 무너지는 이야기입니다. 그 과정이 굉장히 무섭습니다. 하지만 붕괴가 막바지에 이른 후 주요 등장인물들이 반격에 나설 때, 그들은 선악구분에 망설임이 없습니다. 선과 악, 밝음과 어두움, 빛과 암흑이 선명하게 경계선을 긋고 대립하지요. 그렇기 때문에 반격 과정도 무서우리만치 서스펜스로 가득합니다. 빛의 편에 살아남아 싸우는 주인공들의 마음에 동요는 없습니다. (중략) 반면 『시귀』에는 이러한 '빛 같은 신'이라고 할 만한 존재가 없습니다. 위엄 있게 움직이는 군대도 없지요. 죽은 자가 다시 환생해 '부활'하는 이상한 현상과 싸우며, 그로 인해 붕괴해 가는 외장外場(인용자 주: 이야기의 무대가 되는 작은 마을)을 구하기 위해 남은 사람들이 의지할 수 있는 것은 단 하나. 인간의 '양심'뿐입니다. 인간이 어떤 현상으로 인해 '인간이 아니게' 되었을 때, 인간은 과연 끝까지 '인간으로서의 양심'을 지킬 수 있을까요.

다. 국역본: 『살렘스 롯』<스티븐 킹 전집 12권 수록>, 한기찬 역, 황금가지, 2005.

미야베 미유키는 이렇게 두 작품을 대비시켜 나가며, 『시귀』에서 '인간의 양심'의 승리를 읽어냅니다. 또한, 9·11 테러사건과 그것을 관련시켜 이렇게 정리합니다.

『시귀』는 '비록 승리 확률이 적다고 해도, 외부의 적인 흡혈귀와 용감하게 싸운다' 라는, 그야말로 전형적인 미국식 전개를 보이는 『저주받은 마을』과는 다른 소설로, 『저주받은 마을』이 도달하지 못한 레벨에 도달했다고 생각합니다. 물론 둘 중 어느 쪽이 낫다고 가볍게 단정 지으려는 것은 아닙니다. 하지만 9월 11일 동시다발테러 발생 이후, 전 세계의 적과 용감하게 싸우는 일에만 매진하는 미국을 보면서, 저는 『시귀』라는 작품이 나올 수 있었던 일본이라는 나라의 현 상황과 문화는 ― 그 나약함까지 포함해서 ― 어쩌면 귀중한 것일지도 모른다는 생각이 들어서, 조금 뿌듯함을 느끼기도 했습니다.

'이단異端'과 '이세계異世界'에 대한 애착

하지만 『시귀』는 '인간' 과 '인간이 아닌 것'(시귀) 사이의 대결, 더 나아가 '인간이 아닌 것' 속의 '인간이 아닌 것'과 '인간으로서의 양심' 사이의 대결만을 그려낸 작품은 아닙니다. 쉽게 바꾸어 말하자면, 이 작품은 이러한 대결을 통해 완성되는 이야기가 아니라, 대결이 끝난 뒤('인간'에 의한 '인간이 아닌 것'의 섬멸)의 참담한 광경 그 자체를 보여주기 위한 이야기입니다. 시귀에게 쫓겨 막다른 골목으로 내몰리는 사람들의 공포는 곧 시귀 섬멸에 열광하는 모습으로 바뀝니다. '정의의 이름 아래 단결한 인간은 무서운 것이다. 이물異物을 몰아내려고 할 때 인간이 보이는 냉혹함에 대해서는 잘 알고 있다.' 마지막 부분에 등장하는 이 말에도, '시귀'가 괴멸한 뒤에 안정을 되찾은 듯한 세계에 대한 혐오가 잘 드러나 있다고 말할 수 있겠지요.

굳이 말하자면, 나는 시귀에게 동정심을 느낀다. …… 시귀와 인간은 결국 비슷한 존재지만, 딱 하나 다른 점이 있다. 시귀는 스스로의 잔인함을 자각하고 있지만, 인간은 그렇지 않다는 점이다……. -(주인공 중 한 사람, 젊은 승려이자 작가인 세이신의 말.)

나는 세상이 멸망해 가는 것을 보고 싶었다……. 아직 세계는 멸망하지 않았다. 나와 히사코를 제외한 사람들이 이렇게나 많이 살아있다. 내가 죽은 뒤에도 그들은 계속 정의와 질서를 신봉하며 세계를 정리할 것이다. 히사코가 그것을 파괴할 날은 아직 멀기만 하다. -(시귀 히사코를 섬기는 인간늑대, 다쓰미의 말.)

『시귀』는 어떤 각도에서 보더라도 '괴물이 나타났다, 괴물을 죽여라'라는 식의 질서재구축을 다룬 이야기가 아닙니다. '괴물이 나타났다, 인간이 변해라'라는 의미를 담은 질서 변경의 이야기이지요. 게다가 결말에 인간('인간으로서의 양심')이 잔인하게 승리하는 모습을 그림으로써, '인간이 변한다'는 것이 무척 어려운 일임과 동시에 불가피한 일이라는 것을 더 강렬한 메시지로 전달합니다. 승리는 승리가 아니고, 해결은 해결이 아닙니다. 그 속에 낀 '시귀'라는 불가사의한 존재는, 사람이 만들어낸 질서가 지닌 무시무시한 폭력성과 무의미성을 폭로하고 있는 것입니다.

오노 후유미는 1991년 『마성의 아이』[88](신초문고)를 쓰면서, 1990년대 호러소설의 탄생을 준비했습니다. 그 후 그녀가 발표해온 이야기가 지닌 가장 뚜렷한 특징은 '이단'에 대해 애착입니다. 절대적이라고 해도 좋을 정도로 '이단'에 애착을 보이지요. 그것이 판타지적인 '이세계'로의 도약과도 관련되어 있는 것은, 말할 것도 없습니다.

'해결불가능성' 시대의 폐색감이 오노 후유미의 '이단'과 '이세계'를 때로는 음침하게, 때로는 화려하게 빛내주고 있는 것입니다.

호러는 오키나와에 녹아 들어가는가?

『봇케, 교테』와 거의 같은 시기에 초超호러소설 『마구이부미』(아사히신문사)를 발표한 메도루마 슌[89]은, 『오카야마 여자』와 비슷한 시기에 단편집 『나비 떼의 나무』(아사히신문사)를 발표합니다. 이 단편집의 가장 처음에 수록된 작품 「귀향」은 시체가 등장하는 장면으로 시작되는 이야기입니다.

---

88 국역본: 『마성의 아이』, 추지나 역, 북스피어, 2009.

89 1960년 오키나와의 나고 시 인근에서 태어난 작가로 오키나와 문제를 다루는 활동가로도 활약하고 있다. 「물방울」로 아쿠타가와 상, 「혼 불어넣기」로 가와바타 야스나리 문학상과 기야마 쇼헤이 문학상 등을 수상하며 일본 문단의 주요 작가로 성장했다. 일본 사회의 주요 관심사로 떠오른 오키나와 문제를 주로 다루면서 일본 문단과 사회에서 이질적이고 독창적인 작가로 자리 잡았다.

주인공 도마 가즈유키는 스무 살 청년. 이시가키지마 섬에서 고등학교를
졸업한 후, 2년 정도 근무하던 가구점이 불황의 파도에 휩쓸려 도산하자
몇 개월을 실업급여로 생활하다가, 지금은 고쿠사이도오리 거리에 있는
주차장에서 아르바이트를 하고 있습니다. 새로운 생활을 위해 이른 아침
조깅을 하기 시작한 가즈유키는, 어느 날 아침 공원에서 이불에 덮인 한
남자의 썩어 문드러진 시체를 발견합니다. 그러나 기묘하게도 지나가는
사람들과 관리인, 경찰관에게는 그 시체가 보이지 않습니다. 하지만 가즈
유키는 그것이 결코 망상이나 환각이 아니라고 확신합니다. 실제로 이불
속 시체의 부패 정도는 날로 심각해지지요.

아무리 해도 공원에 있는 시체에 대한 생각을 떨쳐버릴 수가 없다.
빗물을 잔뜩 머금은 칙칙한 녹색이불 아래에서, 부패된 시체의 살과
가죽을 먹어치우고 있는 구더기들. 예전에 본 호러영화의 한 장면과
상상으로 덧붙인 모습들이 마구잡이로 뒤섞여, 남자의 모습은 점점 더
그로테스크해지고 있다

이야기는 '호러'를 의식하면서도, 점점 더 예상치 못한 방향으로 전개되
어 나갑니다. 호러적인 것을 파고들지 않으면, 지금 이 세계는 보이지 않는
다. 메도루마 슌과 이와이 사마코, 다카미 고슌은 공통적으로 그렇게 확신
합니다. 하지만 메도루마 슌의 「귀향」은, 다른 작가들의 이야기에서는 볼
수 없는 방식으로 호러적인 것에 접근합니다.

구더기가 들끓는 부패한 시체를 보면서, 가즈유키는 마음속에서 아주
기묘한 감정이 고개를 드는 것을 깨닫습니다.

이불 아래에 누워 있는 시체가 어쩐지 모르는 사람이 아닐 것이라는 이상한 느낌이 들었다. 그러고 보니 남자의 시체를 발견하고 난 뒤 지금 까지 악취를 느낀 적이 전혀 없지 않은가. 비를 쏟아 부을 듯한 구름을 뚫고 흐릿한 햇살이 비친다. (중략) 소년야구팀의 구령소리를 들으면서, 왠지 마음이 편안해지기 시작하고 심지어 이불 아래의 시체에 친근감까 지 느끼고 있는 스스로를 깨닫고는 무심코 웃음이 새어나왔다.

또 '왜 다른 사람들에게는 보이지 않는 것인지 알 수 없다. 혹은 왜 자신에게 만 보이는 것인지도. 하지만 그런 것들은 아무래도 상관없다. 처마 밑에 놓인 칙칙한 녹색이불이 부풀어 있는 모양만 봐도, 왠지 모르게 마음이 차분해지고 편안해진다. 그 기이한 체험을 할 수 있게 된 것만으로도 충분하다.' 라는 생각 도 하게 되지요.

수많은 호러 속에 그냥 던져진 시체 한 구. 호러적인 것을 충분히 의식한 『배틀 로얄』 혹은 『오카야마 여인』에서도, 시체가 이토록 친근한 존재로 등장한 적은 없습니다. 바꿔 말하자면, 시체가 이렇게까지 적극적으로 다 뤄진 경우는 없다는 것입니다. 여기에는 어떤 의미가 있는 것일까요.

이윽고 가즈유키는 그 부패한 시체가 풍장風葬[90] 중인 어부이며, 이 공원 이 예전에 나하[91]에서 가장 유명했던 풍장 장소였던 것을 알게 됩니다. 다른

---

[90] 시체를 매장하지 않고 옷을 입힌 채 또는 관에 넣어 공기 중에 놓아두는 장례법.
[91] 오키나와 현의 현청 소재지이며 경제의 중심지. 국제공항인 나하 공항과 일본 본토와 주변 섬을 묶는 나하 항이 소재하여 오키나와 현의 관문이라 불린다.

사람에게는 보이지 않는 시체를 보게 된 것을 계기로 아주 오래전의 공동체와 유대감을 느끼게 된 가즈유키는, 정리해고 당한 중년 긴주, 등교를 거부하는 여고생과도 유대감을 느끼게 됩니다. 시체가 가즈유키뿐 아니라 사람들 제각기의 '죽음과 재생'에 관련이 있는 것입니다.

그러나 이야기 전체를 감싸고 있는 것은 '오키나와의 열熱'이라고도 말할 수 있는 독특한 무언가입니다.

가장 마지막에 수록된 단편 「나비 떼의 나무」 끝부분에는, 전쟁 중 징병 거부자와 사랑에 빠졌던 매춘부(고제이)의 늙은 몸을 통째로 감싸 안고 그것을 천천히 녹여나가는 오키나와의 열이 그려져 있습니다.

고제이. 고제이야. 무엇을 후회할 필요가 있단 말인가. 아무리 근심한다 한들, 결국 몸은 해안식물 옆을 흐르는 강처럼 끈적끈적하게 탁해지고 섞여들어, 이 세상 모든 것들이 결국 바다와 하나가 되는 것을. 손바닥에서 떨어지고, 머리카락에서 배어 나오고, 허벅지를 타고 흐르고, 눈과 귀에서 흘러나와, 느슨해진 세포 하나하나가 산후産後의 산란産卵처럼 우주 속으로 흩날려 사라지고 마는 것을. 그 마지막 덩어리가 나무 동굴 같은 입에서 빠져나가면, 나비의 모습으로 실내를 천천히 날다가 닫힌 창문을 지나 달빛이 환한 하늘로 흩어져 가는 것이다.

회한, 고뇌, 증오, 그리고 죽음까지도 결코 끝은 아닙니다. 오키나와의 자연이 하는 일은, 그것들을 느릿느릿 녹여서 또 다른 삶으로 연결해 주는 것이지요.

「나비 떼의 나무」뿐만 아니라, 단편집 『나비 떼의 나무』 전체를 감싸고 있는 오키나와의 열. 그러나 고제이가 오키나와 공동체에서 소외를 당하고, 가즈유키에게 보이는 시체가 다른 사람에게는 보이지 않는 것처럼, 이 작품집에는 오키나와에 대한 메도루마 슌의 부정과 긍정이 뒤섞여 있습니다.

지금의 정치, 경제, 생활 그리고 심지어는 풍경마저도 인정할 수가 없어서, '다른 정치, 경제, 생활……'을 갈망하게 될 때, 사람들은 오히려 적극적으로 호러적인 것을 선택합니다. 바흐찐의 견해를 떠올려 주십시오. 하지만 '다른……'에 대한 갈망은 과연 실현될 수 있는 것일까요. 실현을 향한 길은, 우리가 선택한 호러적인 것의 잔인함을 따라 뻗어있습니다. 그리고 무섭게도 깊은 절망만이 희망으로 이어집니다.

그로테스크한 장면이 선사하는 해방감과 안도감, 그리고 검은 웃음

'호러적인 것'은 연극에도 등장합니다.

무대 위에 어수선하게 흩어져있는 산업폐기물을, 달리 버릴 곳이 없다고 판단한 사장과 공장 직원이 일사불란하게 먹어치우기 시작한다. -나가쓰카 게이시 작·연출, 『일하는 남자』[92]의 마지막 장면.

---

92 조그마한 북쪽 마을에 소재한 공장을 무대로 한 작품. 이미 도산하여 문을 닫은 공장을 떠나지 못하는 직원들의 이야기를 다루고 있다. 이상을 추구하여 직장을 그만두고 사과 재배에 도전했다 실패하고, 사과 박스를 제조하는 공장도 도산. 그런 그들이 산업폐기물을 몰래 유기하는 대가로 거액의 사례를 받을 수 있는 일을 맡게 되며 벌어지는 일을 그린 연극. 2004년 작.

시커멓고 질펀하며, 끈적거리고 걸쭉한 폐기물을 손으로 떠서 부지런히 입에 넣는다. 그들은 순식간에 폐기물 범벅이 되어, 사람이 그것을 먹고 있는 것인지, 그것이 사람을 먹고 있는 것인지 알 수 없게 된다. 연극인 것을 알고 보면서도 구역질이 날 정도로, 무시무시하게 그로테스크한 장면.

그러나 이 장면을 접하면서, 제 안에서는 불쾌함과 동시에 일종의 해방감이 싹트고 있었습니다.

연기를 하는 배우의 표정, 어둑어둑한 무대, 그것을 조용히 지켜보는 관객들의 모습에도 가까스로 여기까지 왔다고 말하는 듯한 안도감이 흐르고, 이내 어둡기 짝이 없는 웃음마저 흘러나오기 시작했습니다. 그리고 그 끝에는 무려 한줄기 빛이 보이고 있었습니다…….

아내의 죽음, 사업 실패, 거액의 빚, 파산한 공장, 일자리를 잃은 직원들, 정신병에 걸린 이들, 그리고 사용이 금지된 농약의 살포, 황폐해진 지역, 일그러진 인간관계 — 이러한 '붕괴'의 연쇄 위에, 무대에서 전개되는 최악의 상황들의 연쇄가 더해져서 결국 이 같은 라스트 신이 만들어집니다.

더 이상 바닥이 없을 정도로 최악으로 치달은 상황들을 피하지 않고 직시하여 오히려 그것을 적극적으로 받아들여가는 사람들이 어둡게 빛나지 않을 리가 없습니다. 그렇기 때문에 이 라스트 신은 또 다른 상황으로 바뀔 수 있었습니다.

헤겔식으로 말하자면, 우리들은 나쁜 상황에서 해방되는 것이 아니라, 나쁜 상황을 통해서, 오직 *그것을 통해서만* 해방될 수 있는 것입니다. 과연. 이것이 소문으로 듣던 '나가쓰카 느와르'인가, 하고 저는 납득했습니다.

3년 전, 어느 연극 잡지의 신작비평 의뢰를 수락한 이유 중 하나가, 바로 연극작가이자 배우인 나가쓰카 게이시의 연극 때문입니다. 한동안 연극을 조금 멀리했던 저는, 연구실에 들르는 연극 애호가 학생들이 종종 얘기하는 '나가쓰카 느와르'라는 단어에 관심을 가지기 시작했습니다.

매월 스무 편 이상의 연극을 봐야하는 게 무척 힘들긴 했지만, 대신 사카테 요지, 히라타 오리자, 가네시타 다쓰오의 바로 다음 세대에 속하는 새로운 인재들의 연극을 마음껏 즐길 수 있었습니다.

그러던 중에, 드디어 나가쓰카 게이시의 연극을 볼 기회가 생겼습니다. 『일하는 남자』(2004)부터 시작해서, 붕괴해가는 마을을 무대로 어느 매춘부와 그 여동생을 그려낸 이야기 『대낮의 비치bitch』(2004), '붕괴'된 관계 안에서 살고 있는 사람들 한복판에 오래전의 전쟁이 되살아나는 『악마의 노래』(2005)까지.

'붕괴'의 시대 속에서 찬란하게 빛나는 '나가쓰카 느와르'. 이 말이 제 안에서 무게감 있게 자리 잡기 시작했습니다. 저는 그것보다 더 전에 발표된 작품들의 대본을 읽고 싶어져서, 아사가야 스파이더에서 제작을 맡고 있는 이토 다쓰야에게 메일을 보냈습니다. 그러자 곧 바로 답장이 오더니, 나가쓰카 군이 이토 군과 함께 와세다 문학부에서 제 수업을 들은 적이 있다고 하더군요. 갑작스러운 휴강이 잦은 저와, 연극 활동에 모든 힘을 쏟아 붓고 있던 나가쓰카 군이 만나는 일은 '우연'에 가까울 정도였었던 모양입니다.

그 후 와세다 대학교의 신오노 강당 개관 기념 공연 중 하나로, 학생들에게 인기가 많은 나가쓰카 게이지가 방문해 경험담을 들려주는 행사(2005년 5월 25일)에 대한 이야기가 나오게 되었고, 그 기획을 맡은 저는 『개의 날』, 『일본 여자』, 『꿀벌』 등의 영상과 자료를 잔뜩 얻을 수 있었습니다.

이리하여 저는 아주 운 좋게, 나가쓰카 게이지의 10년을 되짚어 볼 수 있게
되었습니다.

'붕괴'의 시대 속에서 찬란하게 빛나는 '나가쓰카 느와르'

이 강의도 이제 거의 막바지에 다다랐으니 복습을 하도록 하겠습니다.
1990년 전후, 현존 사회주의의 붕괴와 버블붕괴에서 시작된 '붕괴'의 시대
는, 정치와 경제가 가시적으로 그 기능을 잃게 되자 이내 이 시대를 살아가
는 사람들의 마음의 변화, 그리고 '붕괴'로 이어져갔습니다. 계속해서 문제
가 발생하고 있음에도 불구하고 그 해결책을 찾지 못한 채 각종 문제들이
쌓여가고, 부풀어 오르고. 그러다가 이윽고 풍선이 펑, 하고 터지듯이 안에
서부터 무너져 내렸습니다. 이렇게 사회 각지에서 해결불가능성에 의한
내적 파괴가 일어나게 된 이 시대는 후에 '잃어버린 10년'이라는 이름을
얻게 되지요. 임시변통에 지나지 않는 '회복'과 '개혁'이 오히려 그 내적
파괴를 격차사회 구석구석까지 퍼뜨리면서 현재에 이르게 된 것은 더 이상
설명할 필요도 없습니다. 회복의 기미가 보이지 않는 '붕괴'는 완벽한 일상
어로 자리 잡았지요. 그 사이, 엔터테인먼트의 주류는 해결가능성에 기초
한 미스터리와 그 착지점이 분명한 모험물에서, 해결불가능성을 근거로
하는 호러와 착지점을 상실하고 방황하는 판타지로 바뀌게 됩니다.
　나가쓰카 게이시가 동경에 소재한 도야마 고등학교에서 연극을 시작한
것은 1990년대 초반. 대학에서 극단 '와라우 바라'[93]를 창단한 것이 1994년.
그리고 연극 유닛 '아사가야 스파이더' 활동을 시작해 <아샤삐 · 토 · 오죠

빠>를 공연한 1996년부터, '나가쓰카 느와르'의 폭발적인 성장이 시작됩니다. 나가쓰카 게이의 시대가 품고 있는 어두운 양분을 잔뜩 빨아들인 '나가쓰카 느와르'는 동시대 호러와 판타지의 가장 바람직한 능선을 더듬어 가면서 그로테스크와 에로, 그리고 검은 웃음을 찬란하게 빛냅니다.

그뿐만이 아닙니다. '나가쓰카 느와르'는 '붕괴'시대가 가지는 그로테스크와 에로와 검은 웃음과 같은 특유의 요소들을 둔화시킴과 동시에, 그것들을 또 다른 것으로 바꾸어나가려는 의지를 관철해 나가고 있습니다.

나가쓰카 게이시가 지나치다 싶을 정도로 윤곽이 뚜렷한 '이야기'에 집착하는 것은 그러한 전환을 꾀하기 위함이라고 할 수 있겠지요. '나가쓰카 느와르'는, '붕괴'의 시대에 속에서 죽음에서 재생으로 향하는 굳은 의지를 굽히지 않고 부지런히 나아가는 이야기인 것입니다.

『악마의 노래』 이후, 나가쓰카 게이시의 이야기는 '역사'와 깊은 관련을 가짐과 동시에 '역사'를 바꾸려고 하는 경향이 뚜렷해졌습니다. 붕괴를 출발점으로 하여 일본에 존재하는 아시아의 어둠과 빛의 영역을 과감하게 조명한 『아시아의 여자』는, 그러한 시도를 가장 잘 드러내주는 이야기라고 할 수 있습니다—.

이것으로 '호러론' 강의를 마치겠습니다. 지면 관계상, 개별 작품에 대한 고찰과 수많은 호러 작가들의 훌륭한 작품 소개, 문학이론과 전쟁론 등에 관한 상세한 고찰을 삭제할 수밖에 없었던 것. 그리고 스스로 처절한 '붕괴'를 경험한 끝에 『살게 하라!』에 도달한 아마미야 가린[94] 씨의 통쾌하기

---

93 '웃는 장미'라는 뜻.

94 작가이자 사회운동가. 아마미야 가린이라는 그녀의 이름은 필명이며, 이것은 록 기타리스트인 고토가와 린에서 따온 것이다. 20대 초반 우익활동에 몸을 던져 극우적 펑크 록 밴드를

이를 데 없는 사고방식에 대한 찬양, 또 호러와 애니메이션, 그 중에서도 특히 미시마 유키오와 농악표상農樂表象에 관한 연구를 하면서 참신한 애니메이션론을 집필하기도 한 와세다 대학교 대학원생 다무라 게이코 씨와 호러게임과 『쓰르라미 울 적에』에 관련해서 나눈 대담을 넣지 못한 것은 무척 유감입니다.

시간이 무척 빨리 지나갔군요. 아주 기분 좋게 ── 라는 표현은 왠지 호러론과는 어울리지 않는 것 같지만, 이야기를 할 수 있게 해준 여러분들께 감사의 뜻을 표합니다. 다음 주에 이 교실에서 제2회차 강의의 첫머리에서 던진 질문에 대해, 이 강의를 통해 배우게 된 것을 참고로 하며 답해 주세요. 무서운 것은 되돌아오기 마련입니다. (웃음) 그건 바로 이러한 질문들이었습니다.

1. 우리는 호러뿐만 아니라 수많은 작품, 미디어, 사건들과 함께 현대사회라는 기차에 올라 있음에도 불구하고, 왜 하필 '호러'인가?

2. 애초에 호러(공포)란 무엇인가?

3. 호러를 태운 사회, 혹은 시대는 대체 어떠한 사회, 어떠한 시대인가? 그것은 언제부터 시작되었나?

4. 호러와 함께 기차에 오른 우리는 과연 누구이며, 앞으로 어디를 향해 나아갈 것인가?

결성하는 등 활발히 활동했으나, 쓰치야 유타카 감독의 다큐멘터리 <새로운 신>에 참여하게 되면서 사상적 전향을 통해 좌파 활동가가 되었다. 대표작으로 『생지옥 천국』, 『살게 하라! 난민화 하는 젊은이들』, 『성난 서울』(아마미야 가린 · 우석훈 공저, 꾸리에북스, 2009) 등이 있다.

어려운가요? 어려우니까 질문이지요. 답을 적은 후에도 가끔씩 떠올려
주세요. 호러와 함께 같은 기차에 올라탄 당신에 대해서. 저 또한 오늘부터
이 뒤를 이을 새로운 호러론을 구상해 나가고자 합니다.

"당신은 타인에게 절대로 말할 수 없는 것을 얼마나 많이 가지고 있습니까?" 라는 질문(들어가는 말)으로 시작한 저의 '호러론', 어떠셨나요?

당신이 품고 있는 '타인에게 절대로 말할 수 없는 것', '자기 자신조차 보고 싶지도 않고, 생각하고 싶지도 않은 것'의 일부가 호러, 혹은 '호러적인 것' 속에 어른거리고 있었던 것은 아닐까요? 그렇다고 한다면, 당신은 혐오와 공포를 통해 자그마한 해방감에 이르렀을 것입니다.

"그렇게 말하기 어려운 건 아닌데, 아니야, 모르겠어." 라고 하시는 분은 ──그렇습니다, 당신이야말로 지금까지 없었던 호러를 쓸 수 있는 사람입니다. 당장 지금부터 그 마음을 창작에 쏟아 부으시기 바랍니다.

제 '호러론' 강의는 '괴물론'과 함께 2001년부터 시작되었습니다. 2006년까지는 제1문학부와 제2문학부의 공통과목이었고, 지금은 문학부와 문화구상학부의 공통과목이 되었습니다. 그동안 무척 많은 분들이 이 수업을 들었습니다.

문학부에서 하는 공부는 '교과서가 없는 공부'라 확신하고 있는 저의 강의도 역시, '교과서가 없는 강의'입니다. 물론 '교과서로 만들 수도 없는 강의'입니다. 격렬하게 움직이는 마음과 현실의 '리얼'은 과거의 지적 체계로는 설명하기 힘들지요. 게다가 현재 우리는 '새로운 전쟁'을 정점으로 한 '새로운 리얼'에 직면하고 있습니다. 그래서 이 '호러론'은 지금까지의 매력적인 호러론도 거의 다 무시하고(히가시 마사오 씨, 아라마타 히로시 씨, 가즈마 겐지 씨 등등, 미안해요!), 제가 호러와 호러적인 것을 마주했을 때의 수많은 사념들을 단편적으로 제시하는 형식으로 이뤄졌습니다.

여기에서 나온 '힌트', 혹은 '힌트의 촉감'은 이 강의를 듣고 있던 사람들의 마음속에서 지금도 각자의 관심에 따라 변형되고 있을 것입니다. 이미 작가나 르포작가, 편집자로 활동하고 있는 사람들, 그리고 지금은 미야자키 현 지사가 된 사람도 이 강의를 들었죠. 그리고 누구보다도 교사, 은행원, 비정규직노동자나 프리터로, 매일같이 '해결불가능성'과 함께 살아가는 사람들.

그러고 보니, 저의 '호러론'은 어쩐지 어스름한 대강의실에서 이들의 관심과 저의 관심이 교차하면서 만들어진 '합작'이라는 생각이 듭니다. 그렇다면 제게 이것은 강의가 아니면 실현할 수 없는 '최고의 강의'가 되지 않으면 안 될 텐데 말이죠……. 과제, 난제, 후련함, 웃음을 가득 싣고 '호러론'은 계속될 것입니다.

아울러 미처 언급하지 못했던 훌륭한 호러론, 호러가이드는 다음과 같습니다. 가자마 겐지의『호러소설대전・증보판』(가도카와호러문고), 아라마타 히로시의『호러소설강의』(가도카와서점), 고이케 시게루의『고딕 소설을 읽다』(이와나미세미나북스), 히가시 마사오의『호러소설시평 1991~2001』(후타바샤), 히가시 마사오 편집의『호러 재패네스크를 말하다』(후타바샤), 오노우에 히로시의『호러가이드북』(가도카와호러문고), 별책 다카라지마457의『더 알고 싶은 호러의 유쾌함』(다카라지마샤).

제한적인 분량 때문에 구체적으로 언급할 수 없었던 작품들 가운데 특히 읽어두면 좋을 작품은, 온다 리쿠의『구형의 계절』(신초문고), 시노다 세쓰코의『가미도리——이비스』(슈에샤문고), 마키노 오사무의『병든 세기』(가도카와호러문고), 구라사카 기치로의『브래드』(슈에샤문고), 오쓰키 겐지의『스테이시』(가도카와호러문고), 마이조 오타로의『아수라 걸』(신초문고)[95], 오쓰이치의『GOTH / 나의 장』(가도카와문고)[96], 만화에서는 우메즈 가즈오, 모로호시 다이지로는 격이 좀 다르고, 이 시대의 작품으로는 히노 히데시의『지옥변』(매거진파이브), 이토 준지의『어둠의 목소리』(아사히 소노라마) 등이, 영화에서는 뭐니 뭐니 해도 우선 구로사와 기요시 감독의 <CURE>와 나카타 히데오 감독의 <링>이지요.

이번 '호러론'으로 매년 많은 비평과 서평을 썼습니다. 혹은 '호러론'을 위해 신간서평이나 호러적인 것에 관한 평론을 써왔다고도 할 수 있겠습니다. 그 일부가 이 강의 속에 담겨 있습니다. 발표의 기회를 준 신문, 잡지의 편집자께도 감사드립니다. 그리고 다카라지마신서 '강의록' 시리

---

95 국역본:『아수라 걸』, 김성기 역, 황금가지, 2007.
96 국역본:『고스』, 권영길 역, 학산문화사, 2008.

즈를 만드는 데 힘을 써 준 이가라시 유키 씨께도 깊은 감사를 드립니다.

2007년 9월 20일

다카하시 도시오

‘호러’라고 하면 보통 으스스한 귀신이나 좀비, 잔인한 살해 장면을 떠올리기 마련이다. 우리는 특별히 으스스한 좀비나 잔인한 살해 장면에 열광하는 호러예찬론자들은 아니다. 어린 시절 『공포특급』이라는 베스트셀러를 즐기고, 이토 준지의 공포만화 같은 것을 보긴 했지만, 크면서 뇌리에 오래 남는 무서움과 찜찜함과 잔인함이 불쾌해져서, 아주 유명한 작품이 아니고서야 호러영화나 만화, 소설을 크게 즐기지는 않았다. 그렇게 굳이 다가가려 하지는 않았던 ‘호러’와 정면으로 마주할 수 있게 된 것은, 이 강의를 듣고 나서부터다.

무서운 것이 갑자기 무섭지 않아졌기 때문은 아니다. 눈에 보이는 끔찍한 이미지보다 그 뒤에 숨겨진 의도와 의미부터 생각하게 되고 나니, ‘호러’는 우리 삶에 꼭 필요한 것이라는 생각을 갖게 됐다. 평온하고 무섭지 않은 일상 속에서 구태여 불편하고 꺼림칙한 것을 보고, 느낀다는 것. 이 책을 읽은 독자라면, 그 의미가 무엇인지 이미 짐작하셨을 것이라 믿는다. 한없이 안정적이고 평온해 보이는 우리의 일상이, 사실은 안정적이고 평온하지 않다는 것. 잘 만들어진 호러표상은, 의도적으로 보지 않거나 갖가지 이데올로기 장치로 인해 보지 못하고 있는, 엄청나게 무시무시한 호러 하우스 같은 이 사회와 나 자신을 고발함으로써 그것을 깨닫게 한다. (물론 모든 호러표상이 다 그런 것은 아니지만, 적어도 이 책에서 평가하는 '호러' 표상들은 모두 그 역할을 해내고 있는 것들이다.)

'대중소설론'이라고 명명된 '호러론' 시간이면, 와세다 문학부가 있는 도야마캠퍼스에서 가장 큰 강의실이 늘 학생들로 북적거렸다. 머리를 노랗게 물들이고 허리춤에 번쩍이는 체인을 찬 남학생, 짧은 미니스커트에 화려한 스타킹을 신은 여학생부터, 맨 앞줄에 앉아 빼곡히 노트필기를 하고 있는 고학생 분위기의 아저씨까지, '호러론' 수업에는 각양각색의 학생들이 모여들었다. 우리는 언제나 두 번째인가 세 번째 줄에 앉아 긴장된 마음으로 선생님이 들어오시기를 기다리곤 했다. 오늘은 또 어떤 기묘한 삽화, 혹은 음산한 영화, 혹은 그로테스크한 이야기를 가지고 들어오실까? 하는 기대감을 가지고 말이다.

이 수업이 시작된 지 얼마 되지 않았을 때, 선생님은 학생들에게 마이크를 돌려가며 이 세상에서 가장 무서운 존재가 무엇이라고 생각 하느냐는 질문을 던졌다. 어떤 학생은 '가족'이라고 답했고, 어떤 학생은 '시험'이라고 답했다. 제각기 사연이 있는 대답이었을 것이다. 열 명 남짓한 학생들에게 애기를 듣고 나서, 선생님은 '내가 생각하는 이 세상에서 가장 무섭고 알 수 없는 존재는 나 자신'이라는 얘기를 꺼내셨다. 내가 겪은, 혹은 겪고 있거나 앞으로 겪을 일들에 대한 공포. 그리고 다른 사람에 대한 공포. 사회에 대한 공포. 이 모든 공포가, 실은 '나'를 매개로 한 것들이라는 점에서 절로 고개가 끄덕여졌다. 그 이후 수업에서 접하는 갖가지 '호러' 표상은 모두 나의 이야기가 되었고, 이 수업에 대한 기대감은 나와 우리 사회를 알아가는 것에 대한 기대감이기도 했다. 우리가 매 수업시간마다 느꼈던 그러한 기대감과 깨달음, 어렴풋한 희망과 해방감을 떠올리며, 이 책의 번역 작업에 임했다.

한국에는 호러 붐이라고 부를 만한 표면적인 움직임이 없는 것으로 알고 있다. 여름마다 많은 호러영화가 나오기는 하지만 '붐'이라고 할 정도는 아니며, 문학 분야에서는 그마저 없다. 사회의 '해결불가능성'은 이렇게나 팽배해져 있는데, 왜 그에 대응하는 고민을 담은 다양한 호러표상은 나오지 않고 있는 걸까? 호러가 아닌 다른 형태로 '해결불가능성'이 표출되고 있다면 다행이겠지만, 그것을 내보이지 않거나 내보일 수 없어서 그런 거라면, 한국은 일본보다 더한 호러국가인지도 모르겠다.

다양성을 억압하는 자본지상주의와 한국의 출판 환경에서 다양성이 존중되어야만 일어날 수 있는 진정한 의미의 호러문학 '붐'을 바라는 것은 지나친 욕심일지도 모르겠다. 이 책이 우리 시대와 우리 자신의 '해결불가능성'을 표출할 수 있는 수단과 길을 만들어주지는 못할지언정, 독자 여러분의 마음속에 고이 잠들어 있을 자유분방한 호러를 일깨우는 데 도움이 되었으면 한다.

2012년 4월

호러국가 일본

초판 1쇄 발행 | 2012년 6월 10일

지은이 다카하시 도시오 | **옮긴이** 김재원+정수윤+최혜수 | **펴낸이** 조기조
기획 이성민, 이신철, 이충훈, 정지은, 조영일 | **편집** 김장미, 백은주
인쇄 주)상지사P&B
펴낸곳 도서출판 b | **등록** 2003년 2월 24일 제12-348호
주소 151-899 서울특별시 관악구 미성동 1567-1 남진빌딩 401호 | **전화** 02-6293-7070(대)
팩시밀리 02-6293-8080 | **홈페이지** b-book.co.kr / **이메일** bbooks@naver.com

ISBN 978-89-91706-53-8   03100
정가 | 14,000원